河南省教育科学规划 2022 年度一般课题"小学校内课后服务实施效果评价与协同治理路径研究"（课题编号：2022YB0235）；平顶山学院 2021 年度博士科研启动基金项目"'互联网＋教育'背景下师范生与乡村教师的专业发展互助机制研究"（课题编号：PXY-BSQD-202112）

信息化背景下
小学教师专业发展路径研究

李　阳◎著

新华出版社

图书在版编目（CIP）数据

信息化背景下小学教师专业发展路径研究 / 李阳著
. -- 北京 : 新华出版社, 2023.8
ISBN 978-7-5166-6954-9

Ⅰ. ①信… Ⅱ. ①李… Ⅲ. ①小学教师－师资培养－
研究 Ⅳ. ①G625.1

中国国家版本馆CIP数据核字(2023)第159987号

信息化背景下小学教师专业发展路径研究

作　　者：李　阳
选题策划：唐波勇
责任编辑：唐波勇　　　　　　　　封面设计：优盛文化

出版发行：新华出版社
地　　址：北京石景山区京原路8号　　　邮　　编：100040
网　　址：http://www.xinhuapub.com
经　　销：新华书店、新华出版社天猫旗舰店、京东旗舰店及各大网店
购书热线：010-63077122　　　　　中国新闻书店购书热线：010-63072012

照　　排：优盛文化
印　　刷：石家庄汇展印刷有限公司

成品尺寸：170mm×240mm
印　　张：15.5　　　　　　　　　字　　数：210千字
版　　次：2023年8月第一版　　　印　　次：2023年8月第一次印刷

书　　号：ISBN 978-7-5166-6954-9
定　　价：88.00元

前言

　　21世纪是信息化的时代，生活、工作乃至教育都经历着深刻的变革。特别是在教育领域，信息技术的发展不再只是为教育提供便利，而是开始改变教育的本质，推动教育实践向着更加开放、协作、个性化的方向发展。在这个过程中，小学教师作为教育的一线实践者，他们的专业发展路径也因为信息技术的介入而面临着前所未有的挑战和机遇。

　　因此，本书以"信息化背景下小学教师专业发展路径研究"为主题，试图从小学教师的角色、专业特性与标准出发，通过对教育信息化的理解和分析，探讨在信息化背景下，小学教师专业发展的新要求、新路径与新机遇。

　　本书的第一章主要概述了小学教师的角色，专业特性与标准，以及新时代下小学教师专业发展的要求。第二章则对教育信息化的基本内涵、特征、起源与发展进行了详细的介绍，并从中提炼出面向教育信息化的小学教师专业发展的一些新思考。在第三章中，笔者将重点探讨在教育信息化背景下，小学教师在教学技能上的需求。第四章则是以群体动力理论、行动学习理论和知识管理理论为基础，探讨信息化背景下小学教师专业发展的理论基础。

　　本书的后半部分，更加具体地探讨小学教师的信息技术能力培训模型以及小学教师信息素养的提升策略，并对小学教师在线培训策略进行深入研究。笔者希望通过这些内容的详尽研究，为小学教师在信息化背景下的专业发展提供有力的理论支撑和实践指导。

教师承担着培养人才的重任，他们在信息化背景下的专业发展将直接影响到国家未来的发展。教育信息化不仅是一项技术的革新，更是一场教育理念的变革，这使得教师的专业发展具有更为丰富和深远的内涵。因此，教师的信息技术能力培训，教师信息素养的提升，以及在线培训的策略设计等问题都将成为必须面对和解决的挑战。

在本书的撰写过程中，笔者深感责任重大，力求准确、全面地呈现信息化背景下小学教师专业发展的全貌，同时也寻求与读者的深入交流和互动，共同探讨教师专业发展的新路径。笔者坚信，通过不断地研究、实践和反思，可以更加理解信息化背景下的教师专业发展，也能为今后的教育实践提供更多的启示和指导。

本书的编写旨在为广大小学教师提供实用性的指导和帮助，既关注了理论层面的探讨，也注重实践层面的应用。笔者希望本书能够成为广大小学教师的工具书，为他们的教育教学工作提供有益的支持和参考。

因时间和精力有限，内容中难免有不足之处，恳请广大读者和专家学者予以指点与斧正。

目录

第一章　概述

第一节　小学教师的角色

一、教师角色

（一）角色概念

角色这一概念首先出现在舞台剧之中，原本指的是舞台上，演员按照剧本扮演的某一个特定的人物。1943年，美国社会心理学家米德首次将"角色"这个词引入心理学，用来代表个体在社会生活中的身份。

现今，"角色"一词已经有了更为丰富的含义，即角色通常被定义为人在社会关系中的特定位置和与之相关联的行为模式，反映社会赋予个人的身份与责任。关于角色的定义可以从以下三个方面进行解读。

第一，每一位社会角色都有对应的社会行为模式，这意味着社会角色不同，个体在社会中扮演的角色需要有不同的作为和行动。

第二，角色是由社会身份与地位决定，角色行为真实地反映出个体在群体生活和社会关系体系中所处的位置。

第三，角色是符合社会期望的，按照社会所规定的行为规范、责任和义务等发展。

综上，社会角色对应的地位与行为并非取决于个体的自我意识，而是社会所赋予的。每种社会行为一方面可以反映出对应社会角色的社会地位与身份，同时可以体现出个体的心理。

所有角色的地位和行为都不是自己认定的，而是社会客观赋予的。任何一种社会行为，不仅反映出角色扮演者社会地位与身份，同时反映出一定的个性心理、个体行为与对应的社会规范之间的相互关系。

（二）教师角色意识

意识是人对现实的能动反映。教师的角色意识，就是教师对"教师"这一社会角色的认知体验。教师在形成较为明确的角色意识后，才能正确地认识自己的行为，并且不断地对自己的行为进行调节、完善，进而获得学生、家长、学校、社会的认可。教师的角色意识是由教师角色认知、教师角色体验、教师角色期待三部分构成。

教师的角色认知指的是，教师在进行学习、职业训练、教学活动后，明确社会对于教师这一职业的期待与要求，将教师角色与其他职业身份相区分。教师角色认知是教师角色意识形成的前提准备。

教师角色体验指的是，由于受到多方面的期待，教师会产生对应的情绪体验。教师的角色体验可以区分为积极体验和消极体验，教师如果能在教育教学活动中感受到自己正在从事着崇高的职业，就会产生出光荣感、责任感、自豪感等正面而积极的角色体验。相反，如果教师感受不到教师职业的崇高感，仅仅认为教师这个职业是带孩子，那么教师的角色体验则较为消极，也会对应消减角色意识。

教师角色期待指的是教师产生的一种对自己行为的期待，或者他人对自己行为的期待，可以分为自我形象和公众形象两个方面，教师的期待水平越高，教师的自我意识水平也越高。

二、小学教师角色定位

小学教师，作为继父母之后引导儿童发展的一个重要角色，构成了儿童成长环境中重要的组成部分，同时也是推动小学儿童发展具有动力性的因素。因此科学、深入地理解教师在儿童发展中的重要作用，是确定小学教师专业角色内涵的核心问题。

小学教师作为影响小学生发展的重要人物，是小学生成长环境中重要的组成部分，也是促进小学生发展的重要因素。因此，对教师在儿童发展中的重要作用的科学和深刻理解，是确定小学教师专业作用的含义的核心问题，因此明确小学教师的角色定位是首要的。

（一）儿童价值观念树立的引导者

小学阶段的学生大多数处于 6 ～ 12 岁，这个阶段是儿童价值观、人生观和世界观初步形成的关键时期。小学教师在学生价值观、信仰的形成和发展中发挥着重要作用。在这个时期，小学教师的作用首先是成为小学生价值观建立的引导者和引领者。传统的教学理念虽然也强调教师的领导作用，但更注重用教学和灌输的方式来实施德育。

其实，真正能引导孩子发展自我，引导学生产生积极的人生观和价值观的，不是教师的教学和说教活动。而是在教师主导的师生之间的平等对话、沟通的过程中，教师将自己创设为学生学习的模板，教师尝试走进孩子们的内心世界中，教师用心发掘每个孩子的美好与善良，从而引导孩子成长为独立、自主的人。

首先，在这个过程中，老师的一举一动，一言一行，对小学生来说都是一种最直接的感性认识，也是学生学习和模仿的直接来源。因此，教师必须以身作则，以德育人，以行为引领，做一个"真实的人"。用自己的人格力量去激励学生，引导学生，做学生的榜样。

正如车尔尼雪夫斯基所说："教师要把学生造就成什么样的人，自己就应当是这种人。"[1]

其次，小学教师必须是儿童健康成长的保护者。正如《麦田里的守望者》中描述的那样："有那么一群小孩子在一大块麦田里做游戏。几千几万个小孩子，附近没有一个人——没有一个大人，我是说——除了我。我呢，就站在那混账的悬崖边。我的职务是在那儿守望，要是有哪个孩子往悬崖边奔来，我就把他捉住——我是说孩子们都在狂奔，也不知道自己是在往哪儿跑，我得从什么地方出来，把他们捉住。我整天就干这样的事。我只想当个麦田里的守望者。"

小学教师的工作可能更像是在那里监督，而不是强迫孩子做他们不想做的事情，让孩子们尽情玩耍、欢笑和学习。即教师应该在合适的时间引导孩子走上正确的道路。如果小学教师能做到这一点，那么，小学教师就会成为帮助儿童树立价值观的引导者。

（二）儿童建立同伴关系的指导者

在小学阶段，孩子交流的主要目标转向同伴。同伴之间的互动不仅有助于孩子迅速学会分享、关心、同情和包容他人，学会人际沟通技巧，学会谈判和遵守规则等，而且直接影响孩子自己的生活和学习质量。积极和谐的同伴互动，不仅可以增加孩子对环境的归属感，而且通过相互鼓励和帮助，增加他们的学习动力，促进同伴之间的相互学习，让孩子感到快乐，感受到人与人之间的美好情感体验，培养人际交往的自信。需要注意的是，如果同伴未做出正确的引导与影响，可能会产生负面影响。

因此，教师正确引导和帮助孩子如何选择朋友，是其角色意义中非常关键的一环。一方面，教师应教导孩子如何与人相处，并且注意调动同伴的力量促进孩子的健康成长。另一方面，教师要努力做孩子的朋友，以平等的态度接近孩子，这样才能与孩子进行有效的沟通，对孩子的沟通和引导更容易被孩子接受和信服。

---

[1] 邓涛. 新课程与教师素质发展 [M]. 北京：北京出版社，2005：134.

（三）儿童主动学习的引导者

对于教师而言，教书育人是神圣的工作职责。在学校中，教师承担培养人才的工作，通过"教书"这一手段，为国家、民族和社会发展培养人才。教师需要将已有的知识经验传授给学生，教授学生学习的方法，引导学生主动学习。

教师必须为学生打下坚实的学科知识基础，因此教师需要拥有丰富的知识，具备较高的科学文化素养。在教学中，教师通过教授基础知识为学生打下学习的基础，开阔学生的视野；通过教授精深的专业知识和理论引导学生深入地钻研，探求知识的内在规律；通过教授现代科学技术的新知识、新成果及所教授科目的最新情况去加深学生的知识基础，激发他们学习的动力，使他们有积极学习的愿望。

教师不是简单地将知识传递给学生就完成了自己的教学任务，教师必须运用教育学、心理学的相关规律组织教学，调动学生学习的积极性，充分调动学生的学习主动性。教师要转变传统的教学观念，不再以"教"为主，而是将"学"作为教学重心，关注学生，注重能力的培养。

信息技术时代真正突破了传统知识的封闭状态，这本身就对教师的"知识教授角色"产生了影响，尤其是现代社会对于小学生主动技能的提高，独立学习，和合作的能力的要求，以及师生之间交流活动范围的扩大，小学教师的"教授"角色逐渐被"激励者和领导者"角色所取代。

小学教师必须意识到，孩子们不仅从老师那里学习，而且更多地通过同龄人、其他成年人、社交媒体、互联网等来学习。小学教师的主要任务是鼓励孩子学习、思考、认识和掌握各种获取学习资源的方式，同时也培养孩子解决问题的能力。因此，教师必须在教学中为孩子的主动学习和合作学习创造良好的环境和机会，让孩子在"学"中学会学习。

（四）儿童行为规范的榜样

教师是学生眼中成年人的行为样式，学生会有意识或者无意识地模仿教师的言行，教师会自动成为学生行为模仿的榜样。

教师可以对学生起到一定的榜样作用，教师往往会在教育情境中更加注重自己的言行，但是为了避免教师形象出现割裂感，教师应该在教育情境和非教育情境都表现出较为优秀的言行，成为学生模仿的对象。以教师与学生谈话为例，教师在教育情境中往往更加注重自己的表达方式，考虑谈话的教育效果，但是教师若在生活情境中，忽视了对教育意义的关注，给学生一种很强的割裂感，教师在学生心目中的"榜样力量"也会很有所削减。教师要成为学生行为的榜样，需要注意在不同的情境下，都能经得住考验，校内是一名优秀的教师，校外是一名优秀的公民。

教师不仅仅是学生为人处世的榜样，更是学生学习的榜样。教师将"学不可以已""学而不厌"作为自己学习的座右铭，学生也会被教师所激励。教师所具备的知识越丰富，学生就可以从教师身上学到更多的知识，从而开阔视野，激发学习的兴趣。

教师如果可以不断增长自己的学科知识，真正做到终身学习，对于学生而言，这样的教师也是他们学习、跟随的榜样。这样的教师走进教室，一言一行都会影响学生，学习的氛围也会影响到每一名学生，在这样环境中，学生也会自然而然地从"要我学"转换为"我要学"。

（五）儿童沟通交流的朋友

通常来说，一名富有耐心、性情温和、容易接近的老师是更受学生欢迎的。学生心目中的优秀老师不仅仅是一名知识渊博、有良好的教学方法的教师，更是一名可以无话不谈，值得信赖的朋友。

对于教师而言，与学生关系较为亲近的时候，师生之间的氛围必然是较为愉快且融洽的，这种亲密友好的关系可以成为学生主动学习的积极内驱力。教师对学生带来教学影响的时候，学生也更愿意接受，甚至进一步对该教师所教授的课程产生较大学习兴趣，上课之前可以缓解紧张、焦虑的心理负担，学生的学习主动性积极性可以充分发挥。

毫无疑问，如果教师可以作为学生的"朋友和知己"，对于开展教育教学活动是大有裨益的。在教学活动中，教师承担的是教学指导者的身份，学生承担的被指导的身份，但是教学活动中不能忽视学生的主体性身份，教师和学生是为了完成教学目标而达成一种教学合作者关系，因此，教师和学生成为相互信赖的朋友，对于双方而言都是必要的。

教师想要成为被学生所信赖的朋友，就需要真正认可学生的观点和想法，听取学生的意见与建议。当意见出现分歧的时候，教师要客观理性分析其中的利与弊，以真诚的态度与学生交流，与学生分享他们的快乐与喜悦，分担他们的痛苦与忧愁，增进彼此的了解与信任。学生信赖教师，将教师视为自己的朋友与知己，就容易向教师敞开心胸，将自己学习生活中遇到的快乐、烦恼、苦闷、悲伤通通都告诉教师。学生的不良情绪得到及时发泄，就会以一种较为积极快乐的情绪投入学习生活中。

教师应该努力成为学生信赖的知己与朋友，但是这不等于教师应该与学生之间过于亲密。教师与学生毫无距离感，容易导致教师对于学生约束力变差，教师一味地纵容学生，只会导致学生错误理解教师的意图，认为教师是认可学生的行为，很容易导致教育工作的失败。除此之外，教师要成为全体学生的知己和朋友，并非个别学生的知己和朋友，教师只与一部分的学生关系亲近，也会导致教育教学工作开展困难。

如果小学教师能够将这些角色和功能，充分融入自己的教育教学生活中，他们一定可以成为促进儿童身心健康发展的重要支持力量。但是在现实生活中，小学教师经常会面临角色冲突的困惑，需要妥善应对教师角色冲突。

三、小学教师的角色冲突与调试

角色冲突主要指的是，角色期望存在差异导致个人心理或者情感上存在一定的矛盾与冲突。角色冲突是两个或者两个以上的角色之间的差异，或者是角色期望的差异导致的角色冲突，抑或是他人对于同一角色有着不同的期待，或者是对角色身份模糊不同也会导致角色冲突。

（一）小学教师的角色冲突

1.不同社会期待引起的角色冲突

小学教师在开展教学活动时，旨在促进学生全面发展。但是在实际的教学活动中，无论是部分学校领导还是部分家长都将升学看作影响学生前途命运的大事。在一些学校，升学率是一项重要的绩效标准，更有甚者，将升学率或者视为教师教学成果的首要工作。一旦出现这样的教育期待，教师会感到无所适从，从而产生角色冲突。教师身背升学压力和心中想要让学生实现全面发展这两者之间产生了莫大的矛盾，最终两种角色期望，导致教师产生较为严重的心理冲突。

2.对角色行为理解差异导致的角色冲突

教师一方面是一个较为特殊的职业，另一方面，除去职业身份，教师也是一名普通的公民。

中国自古以来都有着尊师重道的传统，教师可以看作是社会学习的榜样。社会对教师的期待也较高，教师不仅要做到为人师表，更要成为全体公民的楷模，毫无疑问，虽然没有人可以做到十全十美，但是教师这个职业往往被理想化。

教师也是一名普通公民，这就意味着教师不可能真正做到十全十美，教师也具有独特个性，这种独特性往往也会与教师角色要求产生矛盾。教师在学校这个教育教学情境中必须表现出规范的职业行为，但是在日常生活中往往展现出自己的独特个性，但是这样的个性展现往往不被坚持传统观念的人所接受。这在一定程度上也会影响教师的心理完善和角色行为水平。

3.教师的多种工作角色产生的冲突

教师在工作中需要将许多角色加工、组织、融合。教师经常会遇到需要其同时担负的多个角色身份对其提出的截然相反的角色行为要求，教师在遇到各类困惑的时候，也很难做到平衡与共赢，经常需要否定一个再满足另一个。

比如说，教师同时具有心理辅导者和纪律维护者的身份。当班级里出现一些突发性事件的时候，教师作为一名纪律维护者，需要确保教学工作正常开展。但是教师也需要考虑到学生的感受，要耐心、细致地开展工作，不能粗暴地对待学生。教师既要解决问题又不能损伤学生的自尊心，这种时候教师很难做到两全其美。毕竟，教师需要保证一定的权威性来管理班级，同时教师又需要跟学生亲近，了解学生的心理状况，这同样也会让教师陷入两难困境。

4.教师角色与其他社会角色之间的冲突

根据全国教育事业统计报告显示，我国小学教师队伍中，女教师占据较大的比重。这些女教师需要承担起职业赋予的任务，在事业上有所发展，提升教学水平，参加职称的评定等。同时女教师也要担负起家庭重任，完成家务的管理、照顾家人等工作。当女教师面临四面八方的压力时，往往会感觉到时间与精力的缺乏，这种社会角色之间相互影响必然导致了教师出现角色冲突。

5.教师角色内部的冲突（自尊与自卑的冲突）

社会舆论对于教师而言往往给予了较高的评价，教师也会因此产生出职业自豪感，但是教师获得的劳动报酬往往是较低水平的，教师难免会产生出失落感、不平衡感、不公平的感觉，容易产生自卑和自尊的心理冲突。部分教师甚至会产生出职业怀疑，也就是职业倦怠。教师如果产生出这样的心态，很难全身心投入教学工作中，会与社会的角色期待产生较大的差距，不利于教育工作。

（二）小学教师角色冲突的调试

小学教师产生角色冲突后，教师必然会产生负面情绪，降低教师的教学效果，甚至会导致教师与学生之间产生师生矛盾，教师角色冲突如果不加以缓解，难以满足职业满足感，需要进行调整。

1.明确教师职责，维护教师权益

教师应当具备一定的自主权，可以在教室里自主进行教育教学工作，即便是教学管理者也不应该对教师的教育教学工作过多加以干涉。学校也需要维护教师的合法权益，让教师在一个相对舒适管理的环境内开展教育教学工作。

2.适当分离，缓解冲突

教师因为其工作需要，往往存在多角色时间与场合的交叉或者延缓。比如，教师有时候需要在家完成备课、批改作业等工作，这种角色身份的延缓，对于教师而言，很容易产生疲惫感。因此，可以采用时间性分离或者空间性分离，在不同的时空表现出不同的角色行为，起到缓解或者减少角色冲突的作用。

3.分清角色主次，加快角色的转换

教师在教育教学活动中很容易遇到多个角色身份的冲突，但是教师需要在教学情境下，分清楚主次，选取更为重要的一方，承担重要角色，暂时放弃次要角色，在恰当的时间再完成次要问题的补救。教师在面对教学冲突的时候，应该选择适合的防御机制，缓解冲突的强度，在不同的问题情境中，及时转换自己的身份与角色，积极解决角色的冲突。

第二节　小学教师专业特性与标准

将小学教师纳入高等教育体系，是当代教师专业化发展的必然发展之路。一名小学教师若想满足小学教育实践，需要一定的学科资格或专业水平，这是因为小学教师具有自己的专业特点。小学教育处于教育的启蒙阶段，处于这个阶段的小学教师以极大的耐心与爱心与孩子交往，通过与孩子互动的各种课程和过程，引导孩子向真善美发展。小学教师的知识、气质、性格和应对问题的能力，与大学教师和高中教师相比有许多方面的不同。

随着基础教育本身的不断发展和进一步研究，对如何定位小学教师出现了许多不同的观点，即小学教师具有自己独特的专业特点，因此，小学教师的培养也应有不同的专业定位。

例如，有学者将小学教师的特点概括为：性格上比较关注感情和更加强调人文主义；突出知识结构的完整性；强调教育教学的技能和艺术；培养孩子的心态；具备基于教育背景进行研究反思的能力。有专家认为，小学教师的特点应体现在五个方面：具有细心、耐心、热情的性格特点；具备专业综合知识；具备课堂组织和诊断学生学习困难的能力；思维有序、系统、理性、流畅；学习儿童身心发展规律的能力。也有学者将小学教师的专业特征概括为三个特征：专业情意、专业知识、专业能力。

上述对小学教师专业特点的分析除了表达上的一定差异，还有一个共同的方向：小学教师作为具有专业发展的个体，必然不同于其他教育层次的教师（如幼儿园教师、中学教师、大学教师等），下面将从专业情意、专业知识、专业能力这三个方面分析小学教师的专业特点。

一、小学教师的专业特性

（一）具备关爱儿童和促进儿童发展的专业情意

专业情意是指教师对教育、教学的一种浓厚的感情，一般可从专业理想、专业情操、专业自我三方面衡量。

1.小学教师专业理想的灵魂

不得不说，小学教师专业理想是每一位小学教师作为教育教学工作者最终的向往和追求，是推动教师专业发展、投身教育事业的根本动力。

小学教师专业理想的核心是关爱学生，关心学生。在小学阶段，孩子们的生活发生了很大的变化：这些学生从以游戏为主的家庭生活（或幼儿园生活），转变为以学习为主的学校生活。小学教师尤其要用眼神、表情和肢体动作表达出善意，向小学生传递爱的信息，让小学生与小学教师及学校之间，建立起一种相互联结的纽带和信任的关系。然而，小学教师对小学生的爱与母爱不同，是在教育环境和教学实践中形成和发展的一种高级社会情感。因此，教师对学生的爱，是建立在尊重学生的个性，和认可每个孩子的发展可能性的价值的基础上的。

2.小学教师专业情操的核心

评价一名教师是否具有专业情操，主要是判断教师对教与学的价值体验是否良好和对于教学体验的评价是否正面。小学教师要深刻理解小学教育的工作和责任，引导学生学会尊重他人和承担责任。实现这一目标需要小学教师具有对职业道德的高度认同和职业使命感。

小学教师每天都会遇到正处于精力旺盛时期的小学生。小学生的发展具有主动性、多样性和可塑性的特点，他们聪明、好奇、天真、有理想，并且有很好的理解力，是教学活动中的重心和核心。小学教育的目的是在整个学校和生活中，依照小学生的身心发展规律，有效促进小学生的身心发展。

小学教师要认真研究和了解小学生的身心发展规律，了解小学教育的特点，指导小学教育工作应该以促进小学生的身心健康为出发点，这样才能做好工作，成为一名优秀的小学教师。

教师的作用是培养社会所需的人才，再好的教育，最终也只有通过学生的选择和发展，才能最终实现学生自身的建构。如果教师不研究学生，不了解学生，无论如何研究教授的知识和技能，也无法提供有效的教学，也就不可能助力学生，取得成功的学业成就。

3.小学教师专业自我的保证

专业自我是教师思考、接受和认可自己的教学工作的一种心理倾向。小学教师的专业自我效能感，建立在对小学教师价值观的深刻理解和对个人身份的认同之上。正是因为具备对自身价值的理解和认同，小学教师才能拥有独立思考的认知，积极地发展自我，能够准确面对自己所处环境的真实和现实，感受深刻自尊、自信和自我价值。

（二）具有综合性的知识结构

从孩子的智力来看，小学阶段的学生的思维还没有发展到一个较高的水平。小学阶段的学生对这个世界的理解是综合的、较为整体的、生活化的。生活世界是一个非课题的世界，是人存在的基础，是人的生命存在的综合世界。教师在这个世界中必须做出正确的引导，才能让小学生更好地认识世界，了解世界。因此，小学教师必须具备综合性的知识水平。

小学教师必须具备的一般知识标准，除所教授的知识外，还必须适应通识教育的要求。小学生有了解各种学科的知识的需要，与之相对应，小学教师必须具备综合性的知识，掌握小学教育教学理念，了解小学生态度发展的特点和规律，了解处于不同年龄段的小学生的需求。小学教师应该具有一定的人文社会知识来培养学生的感性认知。小学教师也应该具有一定的艺术欣赏能力和表现艺术的能力，促进学生的美育发展。

小学教师对知识结构的综合理解，可以随时帮助小学生在现实世界中找到适合自己的生活问题的解释，以及明确这一事实将会产生的影响。小学教师可以将科学理论，灵活应用于小学生的生活世界，并且引导学生逐渐培养学习和生活的能力。

（三）形成自我反思性的行动研究能力

教师需要具备基于教育教学现场、直面教育实践问题解决不同问题的能力。笔者将这种能力界定为具有自我反思性的行动研究能力。

小学教师应该进行的研究是对自身教学与改进的自我反思和研究，着眼于有效地改进自身教学能力和自身研究能力。

一方面，小学教师是小学生的培养者，而不是小学某些学科的教授者。从这个意义上说，教育的主要作用是教人，而不仅仅是教书。虽然各级教师都应该正确定位目标，但毫无疑问，教师对孩子道路的影响和重要性在一开始就变得尤为明显和重要。

另一方面，从"教"的角度，即各级教师所从事的教学工作，必须掌握一定的学科知识，遵循儿童发展的特点，如儿童听力、思维、语言和社会交往能力。

小学教育的过程中，教师不仅要注意自己教授的知识内容，还要注意知识的呈现方式。这可以从小学教师的教学特点来解释。可以说，所有小学教师在日常教学生活中都面临着一个必须思考和考察的问题，即如何将教学知识的"理论知识"转变为可以轻松的知识"实践学习"，便于被小学生理解和接受。

因此，在小学教育过程中，小学教师所要求的研究能力不同于科研人员和大学教师的理论研究能力、学科研究能力。小学教师所开展的自我反思性的行动研究，是一种基于解决真实的、具体的教育困惑和难题、带有明显的自我反思特征的行动研究能力。

小学教师的思考和研究之初，就是为了解决教学实践中的一些问题，提高他们的教学行为有效性，实施适当而有效的教育。在教学实践中，教师要竭尽全力发挥创造力和想象力，加强对研究问题的认识，研究学校的实际情况，研究学生的心理和行为差异。只有通过思考和研究，教师才能发现或反思自己的教学行为和学生的学习策略出了什么问题，从而改变他们原有的学习观念和学习方法。只有通过思考和研究，教师才能知道如何纠正和改进现有的教育教学行为、方法。只有通过思考和研究，教师才能根据学生的身心发展规律和教学发展规律的变化，调整自己的课程，更加了解和根据学生的需求、兴趣、知识、困惑，最终促使教师自行尝试去探索，真正把握自己的发展向路。

二、小学教师专业标准

（一）我国小学教师专业标准开发的背景

1993 年审议通过的《中华人民共和国教师法》（以下简称《教师法》）中明确指出：教师是履行教育教学职责的专业人员[1]。这一描述是第一次在法律角度上，明确了教师的专业地位。《教师法》中规定了"国家实行教师资格制度"，也就是为教师资格标准和条件、申请认定程序、教师资格考试、在职教师资格过渡、法律责任等做出了前提规定。1995 年颁布的《教师资格条例》和 2000 年颁布的《（教师资格条例）实施办法》对 1993 年的《教师法》中实施教师资格制度工作中的具体问题做出了补

---

[1] 朱旭东.教师专业发展理论研究 [M] 北京：北京师范大学出版社，2011:119.

充规定。虽然，我国的教师专业发展地位早已被确立，上述的政策性标准使教师的任用走上了科学化、规范化和法制化轨道，但我国尚缺乏全面规定教师专业素养的专业性标准。

教师地位的提高一方面需要外部条件的支持和认可，另一方面又要依靠从事教育工作的专业人员创造。改革开放以来，特别是进入 21 世纪以来，我国教师队伍建设取得了丰硕成果，为教育改革发展提供了强大的师资力量。但是，随着我国经济的发展和教育改革的深入，中小学教师的发展也出现了一些亟待解决的问题。例如应提高教师数量、提升教师岗位吸引力、均衡教师分布，资源和管理制度也应完善。尤其是在现实中，由于小学教师的工作成果并没有得到广泛的认可，小学教育仍需要学校和社会共同促进其发展水平的提升。

小学是人类生活发展的重要起点，小学教师的素质关系到学生学习生活的开展水平，关系到亿万家庭的希望，关系到国家和人民的未来。小学教师队伍中，现有小学教师水平良莠不同，因此，需要引入对应的专业水平标准，让小学教师明确小学教师的工作，完成合格的学校教师的工作，并提供有效的指导作用。同样，还对小学教师的选拔、招聘、培训和评价具有重要意义。

当前，我国正实施《中国教育现代化2035》，这是我国未来十年教育改革和发展的宏伟蓝图。在《中国教育现代化2035》中，"健全教师管理制度"被再次提及。《中国教育现代化2035》还进一步要求"建设高素质专业化创新型教师队伍，培养高素质教师队伍，健全以师范院校为主体、高水平非师范院校参与、优质中小学（幼儿园）为实践基地的开放、协同、联动的中国特色教师教育体系。""强化职前教师培养和职后教师发展的有机衔接"确定了教师专业标准体系是健全教师管理制度的重要内容。

可见，制定并实施小学教师专业标准也是落实《中国教育现代化2035》的一项必要而紧迫的任务。

（二）制定小学教师专业标准的意义

1.规范教师专业行为

制定并实施小学教师专业标准，首先是规范一名合格小学教师的"专业理念与师德""专业知识""专业能力"这些方面。教师经过仔细梳理后，才能明确小学教师的教学规范，确定小学教师特有的特色。一名合格的小学教师必须具备基本道德坐标、知识坐标和能力坐标。

制定并实施小学教师专业标准，有助于在一定程度上，规范教师职业行为，促进小学教师职业发展。小学教师专业标准必须强调"师德为先、学生为本、能力为重、终身学习"，这些核心内容为小学教师的职业行为和发展提供了方向。基于这四个核心内容，为小学教师职业行为规范和发展提供了明确的指引。

制定并实施小学教师专业标准，促进了小学教师职业化。小学教师肩负着人类早期教育的重任，小学教育应与中学教育、大学教育一起被视为专业性较强的工作，不能被随意取代。

制定并实施小学教师专业标准，明确小学教师的职业地位，有利于增强小学教师的自信心，提高小学教师的社会地位，促进小学教师的整体职业发展，建设高质量的学校教师团队。

2.设立教师合格标准，促进教育公平

制定并实施小学教师专业标准，有利于促进宏观教育的公平。公平合理的小学教师专业标准，促进东西部、城乡义务教育的均衡发展是我国教育发展的目标。

为实现义务教育均衡发展的目标，除了规范校舍、设备等硬件建设外，还必须实现师资均衡。只有制定统一的小学教师专业标准，加强小学教师教育和教师管理，我国所有小学生才能公平地享受到合格，甚至是优质的小学教师的教育。

制定并实施小学教师专业标准，也有助于教育公平的推进。从教师个体的角度来看，教师不仅要启迪人心，更要培养人的品格，提高人的心智，自觉消除不平等，为小学生创造平等和谐的学习环境。

小学教师专业标准强调"师德第一""以学生为中心"的理念，明确要求小学教师"平等对待每一位小学生""不歧视、不讽刺小学生""尊重小学生个体差异"，培养需主动，理解和满足。有利于小学生身心发展的不同需求等，有利于自觉引导小学教师加强自身修养，倡导和践行公平正义的教育理念。

3.为教师职前培养、职后培训提供目标参照

制定并实施小学教师专业标准，针对小学教师开展教师培训。经过多年发展，师范院校为国家培养了一大批优秀的小学教师，但总体起点较低，落后于国民经济和社会发展的需要。

20世纪90年代以来，我国小学教师教育逐步演变为以小学教师为核心的三级教师教育体系。新时代，通过新型小学教师教育培养出什么样的更专业的小学教师，已成为小学教师教育改革发展亟待回答的问题。

制定并实施小学教师专业标准，有利于小学教师教育机构明确培养目标，完善相应培养方案，科学确定小学教师教育课程，减少和消除教师培养的直接性和随机性，并提高小学教师素质。

制定并实施小学教师专业标准，小学教师专业标准对各级各类形式的教师培训提出了基本要求。教师要不断发展，从进修的角度来看，通常教师每五年接受一次师资培训课程和完成一定的进修课时，内容和要求也各不相同。

因此，制定并实施小学教师专业标准，可以为小学教师的专业培训制定了明确的标准，有利于提高教师培训质量，有效促进小学教师培训一体化，保障小学教师专业持续发展。

4.为小学教师的资格准入、考核与评价提供依据

制定并实施小学教师专业标准，为小学教师的认证设定明确的门槛。以前，我国小学教师的聘任和任用过程，由于缺乏明确的小学教师标准，基本上是经验性的，选拔人才的科学性难以凸显。尤其是随着教师专业的开放，更需要专业标准来指导有关部门或学校选拔小学教师，严格控制人数，选拔符合专业标准的人加入小学教师队伍。选拔出适合的小学教师，保障和促进小学生身心健康发展。

制定并实施小学教师专业标准，也为在职小学教师的考核评价提供了客观依据，有助于有关部门确定教师管理制度，改变目前小学教师职称评价向学术评价的发展趋势。唯学历和唯论文的评价标准不利于小学教师队伍的长远发展。制定并实施小学教师专业标准，可以保证小学教师素质团队健康发展。

5.与国际教师教育改革发展的趋势相吻合

20世纪60年代，联合国教科文组织以官方文件的形式正式提出教师专业化的发展取向。尤其是20世纪80年代以来，通过明确教师专业标准来凸显教师职业的专业性、推进教师专业化进程，成逐渐为世界许多国家提高教师质量的共同战略。我国制定并实施小学教师专业标准，正是与国际教师教育改革发展趋势相适应的具体措施体现，有助于在小学教师专业化方面与国际接轨。

总之，制定并实施小学教师专业标准是小学教师队伍建设的发展趋势所向，是小学教师专业化的重要保障，对我国小学教师队伍建设具有基础性、先导性和全局性的作用。

（三）小学教师专业标准内容

制定并实施小学教师专业标准参考四项基本内容：师德为先、学生为本、能力为重、终身学习。这四项基本内容突出强调了师德的首要性、学生的主体性、能力的重要性、终身学习的时代性。

"师德为先"明确了师德居于教师专业的首要位置；"学生为本"体现了以人为本的教育理念，也是教师专业的出发点与归宿；"能力为重"则强调了提升教育教学能力是教师专业的重点或重心；"终身学习"的基本理念对教师专业的可持续性、发展性提出了要求。

1.师德为先

"师德为先"强调了师德对于小学教师的重要性。教师职业是一种特殊的职业。在教师的工作中，工作面向的不是物，而是人。教师不仅用自己的专业知识和专业技能从事小学教学工作，更用自己的职业道德开展教育教学工作。小学教育这个阶段，不仅要求教师传授必要的知识和训练学生发展相关技能，更是为学生健康成长，逐渐发展成为一名对社会有用的人奠定基础。因此，小学教师要增强教书育人的责任感和信念感，坚持社会主义核心价值观，开展教学活动。

具备好的教师师德，是作为一名小学教师的第一要素。小学教师的教育对象是身心发育较快、可塑性强和对成年人相对依赖的儿童。小学阶段是儿童走出家庭框架外社会的初级阶段。这一特殊阶段，以及小学生具备的特殊品质决定了，他们都需要来自成年人的悉心照顾和帮助，小学教育也是教育的黄金时代。因此，小学教师要特别重视师德教育，重视榜样作用，坚持"爱国守法、爱岗敬业、关爱学生、教书育人、为人师表、终身学习"[①]。只有坚持恪尽职守、敬业奉献、关爱学生，教师才能真正地关注学生的身心发展，为小学生健康快乐地成长打下坚实的基础。

尤其是与小学生打交道时，小学教师更应该遵循"平等对待每一位小学生""不以挖苦、讽刺或歧视的方式对待小学生""尊重个体差异、主动理解和满足学生多样化的需求"。

对于小学生而言，教师的影响力非常大，往往教师简单的一句话，会在学生的脑海中留下长久的印象，从而影响小学生的一生。因此，小学教育是一件需要高度责任心和奉献精神的事情，小学教师要有良好的职业道德，有爱心、有耐心，精心培养和教育孩子，确保孩子快乐健康成长。

2.学生为本

"以学生为本"是"以人为本"理念在学校教育中的具体体现，也是一种教学的价值追求。处在这个阶段的小学生是积极发展和不断变化的个体，可塑性强、好奇心强烈、天真、活泼，小学生还不具备很强的规则感。在教育教学过程中，小学生占据着最重要、最中心的位置。

"以学生为本"强调小学教师尊重儿童的主体地位和平等权益，特别是要尊重和服从小学生身心发展的年龄特点和规律，对儿童的身心发展

---

① 王莉.教师教育综合素质教程[M].西安：陕西师范大学出版总社，2018：107.

负责任。小学教师开展小学生心理健康和教育工作时，要注重鼓励学生积极主动地参与学习，要坚定不移地尊重、关注、爱护学生，保护学生安全，把促进学生身心全面和谐地发展作为教育教学的最终目标。

小学教师要关注小学生的基本特点，把握小学教育阶段的教育的特点，从对小学生的督导入手，认识到小学教育的一切工作必须以小学生的健康成长为基础，这是成为一名优秀的小学教师的重要前提。教师的任务是教书育人，无论教师想要对学生施加何种教育理念，归根结底都要通过儿童自身的选择与建构，才有可能真正形成儿童发展。教师如果忽视了"以学生为本"，就不能真正地了解学生的想法，也不可能发挥足够的教学影响力，自然也不可能实现真正有效的教育。

这就要求小学教师把小学生的身心健康和生命安全放在首位，确保小学生健康成长。这是小学教师对小学生持有的最基本的态度和行为的起点，直接体现了小学教师的职业道德和职业素质。这也是作为一名小学教师必须始终坚持的原则。"关爱小学生"是为小学生快乐成长创造条件的重要前提。为小学生快乐成长创造条件是"关爱"和"尊重"的具体体现。 这些要求之间不仅相互融合，而且连接学生成长发育的过去和未来，起到相互影响的作用。

总之，"以学生为本"强调学生的主体地位，要求教师尊重学生、关爱学生，充分发挥学生的积极性，为学生提供因材施教的教育，鼓励每一个学生健康发展。

3. 能力为重

小学教师的能力是专业标准中的重中之重，本质是要求小学教师将专业知识、教育理论与教育实践相结合，不断研究，从而不断改进自身教育教学工作，不断提高教学专业技能。教师的专业能力是教学理念和教师专业知识的载体，直接关系到最终呈现出的教育教学的质量和效果，进而影响学生学习效果、教学实践、创新能力的形成和发展。

教学工作是一种具有很强实践导向性的专业工作。小学教师在面对充满活力和成长发育阶段的小学生。他的能力首先体现在认识学生、了解学生、把握学生的性格特点和年龄需求，同时小学教师的能力体现在教育教学方法的实践方面。小学各种学科的教学和各种教育活动，都需要科学的设计方案和合理的组织。在学校教育教学中，小学生在不同的情境和条件下会依据不同的需求，产生不同的行为，小学教师必须具备较强的专业技能，提出适合不同小学生发展的教学策略，灵活运用各种有效的教育方法。小学教师要主动将理论学习与教学实践相结合，不断经历反思、实践、再反思，最终提高专业技能，增加教学智慧。

4.终身学习

终身学习是当今社会对个人提出的一项重要要求。教师要积极适应经济、社会和教育发展的需要，在建设学习型社会的过程中，发挥教师的引领作用。教师必须随着时代科学文化知识的不断发展，和儿童世界的不断变化，坚持终身学习，不断优化现有的知识结构，不断提高文化水平，成为学生学习的榜样。

教师的专业发展是一个教师不断提高自我的过程，需要教师终生的专业学习。教师不仅要"教育学生"，更要"教育自己、充实自我"。只有教师不断进步，不断前进，才能更好地鼓励学生不断学习，不断完善自我。教育改革和社会不断发展使教师教育不再是一项终结性任务，而是扩大和延伸到教师职业生涯和实践的全过程。教师不但是教学者，同时也是一名具有专业反思能力的终身学习者。

教师的终身学习主要体现在主动发展的意识和不断反思和制定发展规划的能力上。小学教师既是小学教育者，又是与教育改革和社会共同成长的学习者。小学教师既要了解社会变化和教育改革发展趋势，了解不同年龄段孩子的身心发展特点，也要把握国内外教育发展的趋势，跟上发展的步伐，不断学习新的教育理论和知识，不断充实和提高自己，使得学习成为自己生活中的一种习惯，不断吸取新知识，了解新研究，不断提高教师的道德修养和教育智慧。新的时代背景下，必须培养学生终身学习的意志和能力，教师也应该在职业生涯中体现这种终身学习、不断进取的精神。

第三节　新时代小学教师专业发展要求

一、"职业理念与师德"领域和基本要求

新时代对于小学教师的要求可以从多个维度加以要求。从"职业理念与师德"领域的基本要求来看，主要包括专业认识与知识、对小学生的态度与行为、教育教学中的态度与行为、个人成就与行为四个方面对小学教师的职业理念和师德提出了基本要求。

"职业理念与师德"领域和基本要求表现在对小学生的态度和行为，教师必须突出小学生的生命教育重要性，明确要求教师"把保护小学生的生命安全放在首位""尊重小学生的人格""信任小学生""尊重个体差异""积极创造条件让小学生过上幸福的校园生活"。

教育教学的态度与行为领域，以"教育为先，德育为先"的理念为首要要求，同时强调尊重法律，为小学生提供适合学生年龄段的教育，注重引导小学生体验学习、学会学习，养成良好学习和生活习惯等。

在个人修养和品行方面，对教师个人修养和品行提出了很多要求，比如更注重教师个人的人格、品质和品行的发展。

孔子曰："其身正，不令而行；其身不正，虽令不从"[1]。可见，教师自身的道德素养非常重要。教师具备高尚的思想以及端正的品行，才会指引学生成为品德高尚的人。教师要时刻将"为人师表"牢记心中，规范自身言行，必须符合教师的规范要求，身体力行，以自身行为引导学生。

教师还要以身示范，平时不断学习，努力工作。教师要坚持以身示范，才能对学生产生积极影响，久而久之就会让学生养成良好的习惯，从而使学生越来越优秀。

---

[1] 朱时华. 典亮新时代 [M]. 北京：光明日报出版社，2019：43.

除了在思想上的影响，教师还要注重对学生行为上的引导，所以教师一定要在日常工作中注意自身言行举止。例如教师要求学生养成爱护环境卫生的习惯，首先就要将自己的物品摆放整齐，见到教室或者操场上的垃圾要主动捡起丢进垃圾桶；要求学生进行课外阅读，教师自己就要注意养成课外阅读的习惯。总之，教师对于学生提出要求的前提，是自身先达到标准，从"言传"转为"身教"，从点滴做起，只要持之以恒，就能影响学生的思想行为向良好的方向发展。

二、"专业知识"的领域和基本要求

新时代的教育工作聚焦教师"专业知识"的领域，从小学生发展知识、学科知识、教育教学知识和一般知识四个方面对小学教师专业知识提出了基本要求。

其中小学生发展知识领域，在小学教师专业知识领域中占比最大，主要以保障和促进小学生生存健康发展为目的。教师必须掌握一定的法律法规知识和学生教育知识。

在学科知识领域，为了强调小学教育教学的完整性，要求小学教师了解跨学科知识、完整的知识体系、所教学科的基本思想和方法，以及它们之间的联系。

在教育教学知识领域，从小学教育学与教学理论、小学生发展规律、小学生认知规律、课程标准和教学知识四个方面对小学教师提出基本要求，使得他们更加突出小学教育学的特色。

在一般知识教育方面，要求小学教师具备相应的自然科学和人文学科知识、艺术欣赏与表达知识的能力、信息技术知识和对我国教育体系基本情况的了解。

教师的工作是复杂的，它的复杂性主要表现在以下几个方面。首先，教师面对的学生是性格各异的；其次，教师教学的内容也不是一成不变的；再次，教师运用的方法策略需要不断变化，因人而异；最后，教师自身也要不断学习，要想长久地立于不败之地，就要有一颗不断进取的心。面对如此复杂的状况，教师需要不断学习，保持进步，跟上时代的步伐。

当下社会，学习逐渐成为每个教师的必修课，在学习的过程中不断更新知识，掌握最新科技，适应时代的发展。学会学习不仅是人们生存和发展的基础，更是提高学习效率的保障。教师在学习的过程中不仅要吸收各种宝贵的文化知识充实自己，还要提高自己的文化底蕴，从而在教学与管理的过程中能把握时机，处理问题游刃有余，面对突发事件从容不迫。教师在汲取这些精华时，要平心静气，保持从容的心态。因此，教师不仅要学会学习，而且要不断学习，在学习的过程中拓宽视野，增长见识，从而提高认知水平。教师要经常阅读，了解时事，这也是确保教师在教学工作中能够做到游刃有余的不二法门。

教师要时刻保持对教育的热情，用心关爱和鼓舞学生，让他们每天都有新的体验和进步，这就要求教师不仅要有"信息"获取上的量变，也要培养自己的洞察能力。

拥有终身学习的理念，是作为爱岗敬业好教师的首要条件，但注意不能刻板，要活学活用。教师保持一颗童心是很重要的，要时刻充满对新鲜事物的好奇。这不仅可以影响学生，让学生在快乐中受益，而且还可以让学生拥有对生命的感悟与理解以及对人生的追求。

三、"专业胜任力"对小学教师职业能力的基本要求

"专业胜任力"从教育与课程设计、组织与实施、激励与评价、沟通与合作、反思与发展五个方面对小学教师职业能力提出了基本要求。

在教育与课程设计方面，小学教师必须具备从小学生个体和面向的学生集体两个方面制定教案、使用教材、编写教案、设计团队活动的能力。

在组织实施方面，对小学教师教育教学能力的要求最高。教育教学能力包括建立良好关系的能力、创造合适的情境、处理突发事件的能力、运用教育技术、调动小学生的积极性、发挥小学生的主体性、小学生的认知能力以及各种表达能力和写作能力。

在激励与评价方面，强调小学教师必须具备综合性、程序性、多元性和积极性的评价能力，具有不断改进教育教学的能力。

在沟通与合作方面，建议小学教师应具备与小学生、同龄人、家长、社区等进行交流与合作的能力。其中，特别强调教师在与小学生沟通时，需要"使用适当的语言进行交流"。

在反思与发展方面，小学教师应具备对教育教学进行分析、反思、研究工作的能力，提高教育教学工作能力和专业素质。

作为一名教师，承担学生的教育工作，完成知识传递工作的同时，教师还要关爱学生，给予学生充分地理解、尊重、爱护、信任，可以说关爱学生就是热爱教育事业。小学生处于快速发展阶段，教师要做好班集体的"大家长"，注重构建和谐、民主、融洽的班级环境，让学生在愉悦的氛围中学习知识、提升自我、获得发展。

现代教育中，教师扮演着领路人的角色，带领学生按照正确方向发展，才能确保学生成为全面发展的高素质人才。教师对于学生最大的爱，莫过于帮助学生改掉自身的坏习惯，促使学生不断完善自身。小学阶段的学生年龄较小，品质和行为习惯还没有定型，需要教师加强引导和教育，才能帮助其进步与成长，有所成就。

想要做好教育工作，教师心中必须有"爱"，才能让学生感受到教师对自身的关怀与爱护，促使学生愿意跟随教师的指引进行学习活动。教师的关爱还可帮助学生形成积极向上的精神，从而促使学生的行为品质得到完善。反之，如果教师对学生严厉、苛待，就会导致学生出现逆反心理，甚至导致学生心态畸形，成为社会不稳定因素。小学阶段的学生容易受到教师感染，会因为得到教师的关怀与尊重而喜欢教师，进而努力学习回报教师。

因此，小学教师必须以"爱"影响学生，促使学生成为高尚的人。在教学工作中，教师要坚持以生为本、张弛有度，爱护学生，尊重学生，才能推动学生身心健康发展，成为高素质人才。

第二章　教育信息化

第一节　教育信息化的基本内涵与特征

一、教育信息化的基本内涵

"教育信息化"这个概念并不是一个新颖的观点。早在 20 世纪 90 年代，这个概念就已经在中国教育界流行，然而在国外，这个概念却较少被使用。例如，美国使用"教育技术"来表达与"教育信息化"相类似的含义。而其他一些国家使用"信息与通信技术在教育中的应用"来表达与"教育信息化"相类似的含义。目前我国学界尚未对"教育信息化"的概念进行统一界定。根据一些学术论文和学位论文的研究，教育信息化的概念主要有以下几种。

祝智庭认为，"教育信息化"指的是在教育过程中全面运用以计算机多媒体和网络通信为基础的现代化信息技术，推动教育系统的全面改革，以适应信息化社会对教育发展的新要求。教育信息化的结果必然是形成一种全新的教育形态，即"信息化教育"。①

---

① 祝智庭 . 世界各国的教育信息化进程 [J]. 外国教育资料,1999（2）：79-80.

　　黎加厚认为，"教育信息化"是将信息作为教育系统的一种基本构成要素，在教育的各个领域广泛地利用信息技术，推动教育现代化的过程。[①]

　　何克抗认为，教育信息化是"信息与信息技术在教育、教学领域和教育、教学部门的普遍应用与推广"。他强调，教育信息化不仅指信息技术在教育、教学中的应用与推广，还包括信息本身在这些领域的应用与推广。[②]

　　马德四认为，将信息技术引入教育中，其本质不能紧紧围绕技术展开，而应该以信息技术条件下人的身心发展和培养人的教育活动为核心。技术的广泛应用只是达到这一目的的手段。[③]

　　随着研究的深入，研究者们逐渐从技术的角度拓展到了个体、观念、组织管理和制度方面，发展到了系统的组织和机构层面。教育信息化涉及教育教学过程中对信息的获取、传递、加工、再生和利用，以信息网络为基础，信息资源为核心，广泛应用信息技术来达到教育目的。当然，信息化作为一个社会过程，必然受制于人们的观念、理想、意志、技能以及团体利益、社会组织机构等因素。因此，教育信息化应有与之相应的保障体系和保障机制。

　　教育信息化的实现需要多方面的配合与努力，包括政策制定、资源投入、技术研发、教育改革等。在政策制定方面，各国政府应积极出台支持教育信息化的政策和规划，为教育信息化的发展创造良好的环境。在资源投入方面，需要充分利用国家和地方财政预算，引导和鼓励企业、社会组织等多方参与教育信息化的投资。在技术研发方面，要不断提高信息技术在教育中的应用水平，推动教育信息化技术的创新和发展。在教育改革方面，教育信息化需要与教育教学改革相结合，以信息技术为手段，推动教育教学模式的转变，提高教育质量。教育信息化还需要关

---

① 刘德亮.黎加厚博士谈教育信息化[J].中国电化教育,2002（1）：5-8.

② 何克抗.中国特色教育技术理论的建构与发展[M]北京：北京师范大学出版社,2012:132.

③ 马德四.教育信息化本质研究：教育学视角[D]上海；华东师范大学,2007.

注教师的专业发展，提高教师的信息素养和技能，使他们能够更好地利用信息技术进行教育教学实现教育信息化需要有关部门和教师关注学生的信息素养培养，帮助学生在信息化环境下更好地学习和成长。

综上所述，教育信息化是"将信息与信息技术作为教育系统的一种基本构成要素，并在教育的各个领域广泛地利用信息与信息技术，促进教育的全方位变革与教育现代化的系统工程"。在这个过程中，各方需共同努力，不断探索和创新，以实现教育信息化的目标，为全球教育的发展和进步作出贡献。[①]

二、教育信息化的特征

教育信息化具备的特征很多，其中有五大特点是其突出特征。教育信息化的主要特征如图 2-1 所示。

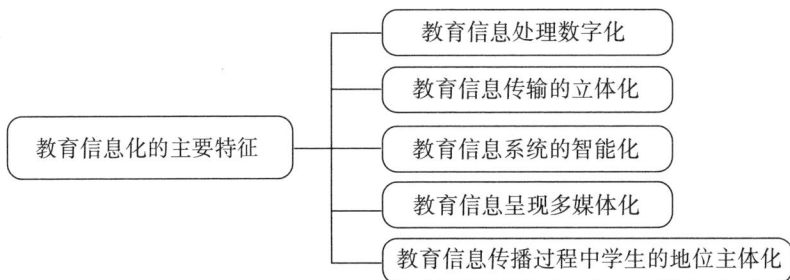

```
                        ┌─────────────────────────────┐
                        │  教育信息处理数字化          │
                        ├─────────────────────────────┤
                        │  教育信息传输的立体化        │
┌──────────────────┐    ├─────────────────────────────┤
│ 教育信息化的主要特征 │────│  教育信息系统的智能化        │
└──────────────────┘    ├─────────────────────────────┤
                        │  教育信息呈现多媒体化        │
                        ├─────────────────────────────┤
                        │  教育信息传播过程中学生的地位主体化 │
                        └─────────────────────────────┘
```

图 2-1　教育信息化的主要特征

（一）教育信息处理数字化

教育信息处理数字化是指将教育领域中的各种信息进行数字化处理，从而实现信息的高效存储、传输和处理。在现代信息技术的支持下，教育信息处理系统具有设备简单、性能可靠和标准统一等特点。数字化技术的发展为教育信息处理带来了诸多优势。

---

① 解继丽，邓小华，王清泉，等.教育信息化促进教学改革的保障体系研究[M]昆明：云南大学出版社，2015：6.

由于数字化信息处理系统只使用 1 和 0 两个代码，因此集成度较高。这意味着系统可以在较小的空间内实现大量信息的处理和存储，从而提高教育信息处理的效率。

数字化处理的信息具有较高的保真度，能够确保在传输和处理过程中信息的准确性和完整性。这对于教育领域中的各种数据和资源，如教学资料、学生成绩等，具有重要意义。

数字化技术使得教育信息处理系统具有较大的存储量。这意味着系统可以存储大量的教育资源和数据，方便教师和学生随时查阅和使用。

数字化处理技术具有较快的处理速度，可以迅速完成各种复杂的计算和分析任务。这对于教育管理和教学过程中的信息处理，如学生分析、教学资源推荐等，具有重要价值。

（二）教育信息传输的立体化

教育信息传输的立体化是指在信息技术的支持下，通过多种途径和手段传输教育信息，使得教育活动不再受到时间、空间和地域的限制。立体化信息传输为教育带来了一定的优势。

通过立体化的信息传输，教育资源可以在不同地区、国家甚至全球范围内传播，打破了传统教育中受地域限制的问题。这使得更多地区的学生可以接触到优质的教育资源，提高了教育公平性。

立体化信息传输使得教育活动不再受到时间限制，学生可以在合适的时间进行在线学习，提高学习效率。同时，教师也可以根据自己的时间安排对学生进行远程辅导和答疑。

立体化信息传输为教育提供了多种教学手段，如网络课程、视频教学、在线讲座等。这些手段可以满足不同学生的学习需求和兴趣，提高教学质量。

立体化信息传输使得全球范围内的教育资源可以连接成一个信息海洋，网络用户可以轻松获取和使用这些资源。这有助于提高教育资源的利用效率，推动教育创新和发展。

立体化信息传输有助于教育机构之间的合作与协同。通过共享教育资源和信息，教育机构可以共同开发课程、研究教育问题，从而提高教育质量和效果。

立体化信息传输为跨文化交流提供了便利。学生可以通过网络与不同文化背景的人进行交流，了解世界各地的文化，提高跨文化交际能力。

（三）教育信息系统的智能化

教育信息系统的智能化是将现代人工智能技术与多媒体计算机技术相结合，同时运用教学理论、传播理论和认知心理学等领域的知识，打造一个更加智能、高效和人性化的教育信息系统。

智能化教育信息系统可以根据学生的兴趣、需求和学习进度为他们提供个性化的教学资源和建议，从而提高教学效果和学生的学习兴趣。

智能化教育信息系统可以根据学生的学习表现和能力进行实时调整，为他们提供适合的学习任务和教学资源，有助于提高学习效果。

智能化教育信息系统通过模拟人类教师的教学行为，使得人与设备仪器之间的交流更加自然和人性化，有助于提高学生的学习体验。智能化教育可以通过语音识别、自然语言处理等技术与学生进行智能互动，提高学生的参与度和学习兴趣。

智能化教育信息系统可以自动处理各种烦琐的教学任务，如学生作业批改、成绩统计等，让教师更加专注于教学本身，进而提高教学质量。智能化教育信息系统可以分析学生的学习数据，为教师提供有关教学效果、课程安排等方面的决策建议，有助于优化教学过程。

智能化教育信息系统可以整合不同学科的知识和资源，为学生提供丰富的学习材料，有助于拓宽学生的知识视野和培养综合素质。智能化教育信息系统可以为教师和学生提供更多创新性的教学方法和资源，有助于培养学生的创新思维和能力。

（四）教育信息呈现多媒体化

随着科技的不断发展，教育信息呈现已经逐渐向多媒体化方向发展。多媒体技术的支持使得原本单一的信息呈现方式得以整合，包括文字、图片、声音、动画等多种形式。这种多元化的信息呈现方式为教育带来了诸多益处。

多媒体化的教育信息能够使教学内容更加生动和形象，有助于学生更好地理解和掌握知识。例如，通过动画和模拟可以清晰地展示复杂的物理现象或生物结构，帮助学生在直观的视觉体验中加深对知识的理解。

多媒体化的教育信息有助于提高学生的学习兴趣。丰富的多媒体资源能够吸引学生的注意力，激发他们的好奇心，从而调动学生的学习积极性。同时，多媒体化的教育信息还能增强学生的参与度，让他们在互动和探索的过程中积累知识。

多媒体化的教育信息可以满足不同学生的学习需求。针对学生不同的学习风格，多媒体化的教育信息可以提供适合的呈现方式。例如，视觉学习者可以通过图片和视频更好地理解知识，而听觉学习者则可以通过声音和讲解提高学习效果。

多媒体化的教育信息有助于拓宽教学方式。在传统的教学方式中，教师往往依赖于板书和讲解。然而，在多媒体化的教育环境中，教师可以利用各种教学资源，如网络课程、虚拟实验室等，创新教学方法，从而提高教学质量。

多媒体化的教育信息能够增强教学的交互性。在多媒体环境下，学生可以通过在线讨论、合作学习等方式与同学和老师互动，共同解决问题，提高团队协作能力。

多媒体化的教育信息有助于培养学生的多元智能。通过接触和使用不同类型的多媒体资源，学生可以增强对视觉智能、音乐智能、逻辑智能等内容的了解。

（五）教育信息传播过程中学生的地位主体化

在教育信息传播过程中，学生的主体地位得到了充分体现。相较于传统教育模式，教师在教学过程中占据核心地位，学生只能顺从地接受知识，而师生互动和学生之间的交流相对匮乏。然而，在现代社会中，强调学生为中心的教育理念日益受到重视，利用信息技术来推动自主学习已然成为教育发展的大趋势。

得益于教育信息系统的智能化、多媒体化信息展示以及信息的可扩展性等特点，学生不再仅仅局限于被动地吸收知识。相反，他们可以通过运用超文本和超媒体等电子教材以及其他资源和工具，积极主动地进行知识建构。此外，学生还可以与同伴或教师一起进行协同学习，充分发挥团队合作的优势。

在信息技术的支持下，学生们可以通过多种方式实现合作式学习，如利用计算机进行团队协作、面对面的计算机辅助合作，或与计算机共同完成任务。这些合作方式都有助于提高学生的学习积极性，激发他们的创造力，从而使他们在学习过程中充分发挥主体作用。这样的教育方式不仅有利于学生全面发展，同时也有助于激发他们的学习热情，培养终身学习的能力。

第二节　教育信息化的起源与发展

一、教育信息化的起源

（一）信息化时代的发展与繁荣

1.信息化潮流悄然而至

从 20 世纪 90 年代开始，现代科学和新技术以空前的力量推动经济和社会向前发展。当今，以信息技术为核心的第三次科技革命已形成规模并不断发展，其影响已遍及社会各个层面。经济全球化、国际市场化、互联网、网络经济和电子商务已经成为人们生活中最常见的词汇。这个时代被称为信息时代，因为它具有许多显著的信息特征。

（1）信息处理技术的革命性变革。1946 年，美国成功研制出世界上第一台大型实用电子计算机 ENIAC，标志着科技创新的历史性突破。此后，随着微电子技术等领域的进步，电子计算机已经经历了五代发展，第六代光集成和生物集成计算机研究也取得了显著成果。信息处理速度已经突破每秒万亿次，从高速化发展到智能化、网络化、系统化；计算机类型也更加实用化，大型机、中型机、小型机和微型机多个领域并驾齐驱，尤其是微型计算机的普及，显示了计算机的发展愈发先进。

（2）劳动力结构的根本性变化。在20世纪50年代中期，美国历史上首次出现了白领工人总数超过蓝领工人总数的现象。这表明，人们的劳动方式从主要依靠传统的体力劳动进行产品制造，转向以脑力劳动处理信息为主。这导致了劳动力结构和素质的根本变革。

（3）实现全球通信。1957年，苏联成功发射了人类历史上第一颗人造地球卫星，这不仅标志着人类航天事业的起点，还为实现全球通信提供了可能性。1962年，美国贝尔公司发射了第一颗实用国际通信卫星"电星一号"，实现了跨大西洋的电视转播。随后，成功发射了地球同步卫星。三颗在赤道上空均匀分布的同步卫星足以实现全球范围内的通信。卫星通信技术的蓬勃发展为电信事业赋予了强大的推动力，成为推进社会信息化的重要技术基础。

（4）信息产业的崛起。信息产业利用信息技术生产信息化商品和提供信息服务。广义上，它包括计算机、自动化办公设备以及家用音视频电气设备的信息技术产业群，以及利用信息设备进行信息收集、处理、存储并向需求者提供信息服务的信息商品化产业群。同时，还包括传统的出版、新闻及教育等大众信息服务部门。发展信息产业是解决社会信息供需矛盾的关键途径，也是一条富有潜力的创富之路。信息产业的形成是信息成为战略性资源的必然结果，也会发展成为经济的先导和支柱产业。

20世纪90年代以来，发达国家为在新一轮经济竞争中争夺制高点，日益重视信息产业的发展。1993年，美国政府提出信息高速公路计划（NII）后，欧共体和英国、法国、日本等发达国家纷纷提出自己的信息计划。新加坡、韩国等亚洲较发达国家也制定计划、投资，大力发展信息业。即使是发展中国家，在积极发展工业化的同时，也关注传统产业与信息产业的互补共进，以促进自身发展。

2.信息时代引起轩然大波

（1）信息成为关键的战略资源。随着科学技术的进步，信息在政治、经济、生活等各领域的影响不断扩大。一个企业如果未实现信息化，将很难提高生产效率，很难在竞争中与其他企业抗衡。同样，一个国家若缺少信息资源，不重视提高信息利用能力，将会陷入落后的境地。

（2）信息产业成为主导产业。虽然信息产业无法直接生产实物产品，但通过提供服务和提高产品质量，它可以产生显著的经济和社会效益。自20世纪90年代以来，信息技术几乎渗透到了工业和服务业的各个部门，逐步改变了以制造业为核心的经济模式。现在，信息产业已经成为发达国家经济增长的关键动力。

（3）信息网络作为社会基础设施。建立强大的信息网络不仅是物质生产的基本要求，而且是衡量国家综合实力和国际竞争力的重要标准，它是信息社会的国家命脉。1993年初，当时的美国总统克林顿上任后不久就提出了以因特网为基础，建设"高速信息网络"的国家信息基础设施计划。在当时来说，这是一项极具远见的发展计划。

（4）信息成为新的生产要素。过去企业利润主要由劳动力和资本决定，而现在决定企业利润的是信息，即通过组合、分析、加工形成的"知识"。企业的核心资产已经从固定资产和金融资产转变为知识资本。随着信息化浪潮的推进，信息在生产和交换过程中的作用越来越明显。信息及其技术将与物质和能量一样，成为社会财富的基本资源，使信息、物质和能量共同构成社会财富的基础。

在现代社会中，信息在生产力体系中具有举足轻重的地位，与原料、机器、能源、劳动力等并列为生产资料。信息的经济效益直接体现在生产经营和管理活动中。重视信息资源的组织能够充分利用信息资源的时效性和准确性，提高工作效率，创造经济效益和社会效益。企业决策者必须快速分析、理解和处理情报信息，迅速进行策略性思考，调整经营步伐，以便把握时机，使企业立于不败之地。企业管理者应成为善于调动和运用资源的高手，能够灵活运用情报信息制定战略，以取得未来商业竞争的胜利。情报信息的分享和充分利用将成为未来企业取胜的关键要素。

（5）信息化改变生产方式。社会是一个高度复杂的庞大系统，其中个人与个人、部门与部门、企业与企业之间存在着错综复杂的联系。合作和协同已经成为社会的主要工作方式，为了适应这种模式，作为人类辅助工具的计算机应运而生。在信息时代，信息相关的部门不仅将成为大多数国家的重要产业部门，而且还将对传统的生产观念、生产方式及产品交换方式产生深远影响。

在数字化信息时代，知识逐渐成为信息承载的主体，尽管信息在运作过程中不一定产生相应的实物产品，但信息能够为产品增值，或信息本身具有各种不同的价值。过去，人们认为只有生产出实物产品才算生产行为，否则都是非生产性的。因此，要进行生产就必须拥有资源、资本和劳动力这三个要素中的至少两个。数字化信息使生产要素的构成发生了重要变化。就生产资料而言，科学技术的进步使生产朝着节能、低耗的方向发展。生产产品所需的资源量也在不断降低，甚至出现了非物质化趋势。在劳动力方面，科学技术的进步不仅减少了单位产品对劳动力的需求，而且要求劳动力具备更高的知识和技术水平及更高的素质。数字化信息正改变着人们劳动的本质，已成为未来发展趋势。

一些经济学家将生产方式的变化总结为从大规模、集中化和标准化的刚性方式转向小规模、分散化和多样化的柔性方式。美国作家马丁在《数字化经济》一书中认为："在现实世界中，企业先进生产产品，然后出售；而在网络时代，消费者决定购买什么，然后企业才生产什么。过去，你掌握的信息越多，你的权力就越大；而在网络时代，你分享的信息和权力越多，你所拥有的就越多。这种与期望相反的现象，我们称之为'180度效应'，即事物的本质与其表面现象完全相反。"在这种情况下，顾客才真正成为"上帝"。① 因此，在工业社会，生产方式是资本和

---

① 马丁. 数字化经济：电子商业的七大网络趋势 [M]. 孟祥成，译. 北京：中国建材工业出版社，1999：36.

大量劳动力支撑的批量生产。然而，在数字化信息时代，由于科学技术的进步和信息产业的发展，小批量、个性化生产成为可能。

在数字化信息时代，各行业的生产方式将发生重大变革：在工厂劳动中，繁重的体力劳动将逐渐被机器人、机械手取代，工人成为生产线的控制者。在农牧业领域，农牧业生产过程将实现工厂化，不仅使用各种机器设备和科学方法，还会采用计算机及各种信息服务系统。信息社会的到来将引发人们职业的巨大变化。许多职业可能逐渐消失，而另一些职业则可能崛起和扩大。

（6）信息化催动产业结构的变革。数字化信息正对传统的生产观念和生产方式产生深刻影响，同时在新产业和新岗位的创造过程中经历艰难的过渡和磨合，最终塑造出一个新兴的社会产业结构。在工业经济时代，产品划分的基本框架将社会产业分为第一产业、第二产业和第三产业。然而，在信息化时代，这种产业结构分类框架应做出适当调整。根据这种划分，软件业通常归为第三产业，而微电子、计算机制造等硬件产业则应划为第二产业。

由于产业间的交叉现象日益显著，传统产业分类将变得越来越困难。随着数字化信息技术在整个社会产业中的全面渗透，社会产业结构将发生根本性变革，由第一产业、第二产业、第三产业结构发展为以数字化信息产业为核心的新型产业结构。

3.信息化成为不可逆转的发展趋势

信息化作为人类科技进步的必然结果，得益于三个主要方面。首先，计算机技术在过去20多年中取得了迅猛发展，产品不断更新，成本大幅降低，为信息化的发展提供了产业基础。其次，计算机数据存储技术取得了重大突破。从最初的磁带存储发展到现今的软盘、硬盘、光盘、磁盘阵列和云盘等，实现了海量数据存储，为提升信息化水平奠定了技术基础。最后，网络技术的快速演进，为信息化的推广创造了更佳通道。

信息化是政府、企业和个人在经济和社会发展中不可或缺的需求。政府需要借助信息化来实现科学决策，企业则需通过信息化改造传统产业并在竞争中占得先机。同时，随着生活水平的提升，人们期望通过信息化进一步提高生活质量。

在企业领域，信息化成为发展的关键趋势。企业信息化作为国民经济信息化的基石，广泛应用电子信息技术以提高生产和管理效率。企业信息化包括生产过程信息化和管理信息化两个方面。前者涉及工业化范畴，如自动化生产和控制等。后者则包括建立管理信息系统、办公自动化系统、决策支持系统和专家系统等。结合两者，企业能够实现从计算机辅助设计、计算机辅助生产到计算机辅助管理的一体化发展。

信息经济和网络技术的演进加速了全球范围内生产要素的流动和优化配置。跨国公司利用网络进行生产管理、市场营销和售后服务，经济全球化和信息网络化之间的相互依赖和促进关系日益明显。企业通过信息资源的深度开发和信息技术的广泛应用，实现了提高经营管理与决策效率、降低产品与服务成本、拓展网络业务、实现纵向多元化和确立在经济全球化中竞争优势等多重目标。为了在国际市场竞争中占得先机，企业应积极利用过渡期时间，加快技术研发，实行科学管理，提高技术创新水平，从而提升竞争力。

二、教育信息化的发展

（一）重构教学形态

互联网以其连接性、开放性和共享性等特点，成为知识创新、传播和共享的理想平台。在教育教学领域，互联网技术的应用重塑了师生关系和教育资源供应方式。近年来，随着学校教育信息化变革的推进，网络技术如同催化剂般促进了众多具有网络时代特征的教学模式的诞生，推动学校教学从封闭走向开放。

1.学校教学从封闭走向开放

传统课堂教学受到时间、地域等因素的限制，容易导致优质教学资源分布不均、教育孤岛现象及个性化教学难以实现等问题。网络技术改变了知识的存储、创造、分享和传播方式，推动了知识全球化。同时，网络连接为师生提供了全新的协作、互动和交流工具。这些新技术在教育中的应用对传统课堂产生了强烈冲击，教学环境从封闭的教室向自由开放的教学空间演变，传统的教学方式也逐渐演变为多样化的自组织学习和个性化学习。

近年来涌现出的教学模式，如翻转课堂、混合式学习、大规模在线开放课程等，展现出开放、融合、个性化的特点。这些模式使教学时空和教学组织方式发生了根本性变化。从传统的封闭式课堂，发展到基于网络互连的翻转课堂式教学、整合网络和传统课堂优势的混合式教学，形成了整合传统课堂与网络空间的"半开放式"教学系统。而大规模在线开放课程则完全依赖网络的社会化学习，是自组织的深度协作式、开放式教学，进一步实现了教学时空和师生关系的多元化。

在网络环境下，翻转课堂、项目学习、大规模在线开放课程等新型教学模式为新一代个性化学习提供了更大的选择自由。网络时代的学习者不再受限于固定的学校、课程、教师和学习方式，可以根据自己的喜好选择合适的认知和学习路径。学习者可以根据自己的需求和兴趣，灵活选择课程、教师、学习方式和学习节奏，实现个性化学习。

2.资源共享与合作学习

网络时代的教育强调资源共享和合作学习。互联网使全球范围内的教育资源变得触手可及，打破了传统教育资源的地域限制。学生们可以轻松获取来自世界各地的优质资源，包括专业课程、案例研究、实验材料等。此外，网络技术还促进了师生之间、学生之间的合作学习，使学习过程更加丰富和有趣。

3.教育公平与包容性

互联网技术的普及使得远程教育和在线学习成为可能，极大地推动了教育公平。通过网络教育，那些因地域、经济等原因难以接受高质量教育的学生也可以获得优质教育资源。此外，互联网还为特殊教育和弱势群体提供了更多的学习机会，促进了教育的包容性。

4.教育创新与技术应用

互联网不仅改变了教育方式，还激发了教育创新。大数据、人工智能、虚拟现实等先进技术在教育领域得到广泛应用，为学习者提供了更加生动、立体和沉浸式的学习体验。此外，这些技术还为教育研究和评价提供了有力支持，有助于提高教育质量。

互联网技术在教育教学中的应用使教育更加开放、共享、个性化和创新。在未来的教育发展中，网络技术将继续发挥关键作用，引领教育的持续变革与进步。

（二）信息技术与课堂整合

1.信息技术与课堂整合的发展历程

合理利用现代教育技术推动各级各类教育教学的改革和发展已经成为全球教育改革的主要趋势和国际教育界的共识。这一趋势和共识的形成源于现代教育技术的核心理念，即运用技术手段，特别是信息技术手段，优化教育教学过程，以提高教育教学效果、效益和效率。

回顾国内外信息技术与课程整合的发展历程，美国是最早提出信息技术与课程整合理念的国家。在美国的"2061计划"中，专门提出了信息技术与各学科课程整合的思想，并于1996年成立了评价和监控美国中小学信息技术与课程整合进展情况的组织。信息技术与课程整合是将信息技术应用于教育的创新方式，也是信息技术应用于教学过程的最有效方法。

中国的信息技术与课程整合始于计算机教育应用研究。20世纪80年代初期，中国正处于对计算机辅助教育理论的学习阶段，相关的电化教育刊物中很少涉及实践研究。随着1984年邓小平提出"计算机教育要从娃娃抓起"的口号，中国开始尝试计算机课程和计算机辅助教学。随着软件开发技术的不断发展，学术界的关注焦点逐渐从技术手段转向了软件在教学中的整合应用。从20世纪80年代中后期开始，"课件"和"CAI"（计算机辅助教学）等词汇频繁出现在各类文章中。自2000年起，信息技术与课程整合逐渐成为学术界关注的焦点。教育部在《基础教育课程改革纲要（试行）》中明确提出："大力推进信息技术在教学过程中的普遍应用，促进信息技术与学科课程的整合，逐步实现教学内容的呈现方式、学生的学习方式、教师的教学方式和师生互动方式的变革，充分发挥信息技术的优势，为学生的学习和发展提供丰富多彩的教育环境和有力的学习工具。"这一提法明确了新课程中信息技术与课程整合的重要地位。

关于信息技术与课程整合的含义，国外教育界意见不一。目前，较为权威且得到广泛认可的观点是"美国国家教育技术标准"。该标准将信息技术与课程整合定义为：在学术知识的日常学习中，利用技术支持和强化学习与教学过程。

此外，美国教育技术 CEO 论坛给出了一个广泛认可的信息技术与课程整合定义："数字化学习的核心是将数字内容逐渐整合到整个课程中，并应用于课堂教学。为了创造生动的数字化学习环境，培养 21 世纪具备创新能力的人才，学校必须将数字化内容与各学科课程相整合。"[①]这一表述是关于数字化内容与学科课程整合（即信息技术与课程整合）最具权威性的阐述。它明确了整合目标——培养具有 21 世纪创新能力的人才，并揭示了整合内涵——创造生动的数字化学习环境。

根据这一定义，信息技术与课程整合与计算机辅助教学或计算机辅助学习之间的本质区别在于"整合"强调通过信息技术创造数字化学习环境（或数字化教学环境），而计算机辅助教学或计算机辅助学习将计算机或信息技术视为辅助教学或学习的工具和手段。由于"环境"这一概念包含了更广泛的意义（包括主体之外的所有人力和非人力因素），因此与将信息技术仅视为工具和手段的传统观念相比，美国教育技术 CEO 论坛第 3 年度报告中关于整合内涵的界定更具深度和广度，其实际意义也更为重大。

自 20 世纪 90 年代中期以来，美国对信息技术与课程整合途径与方法的研究大致可划分为三个发展阶段。美国对信息技术与课程整合途径与方法的研究发展阶段如图 2-2 所示。

---

① 夏洪文. 信息技术与课程整合研究 [M]. 武汉：湖北科学技术出版社，2005：17.

TELS阶段

2003 年至 2008 年

TPACK阶段

2008 年至今

WebQuest 阶段

20 世纪 90 年代中期至
2003 年

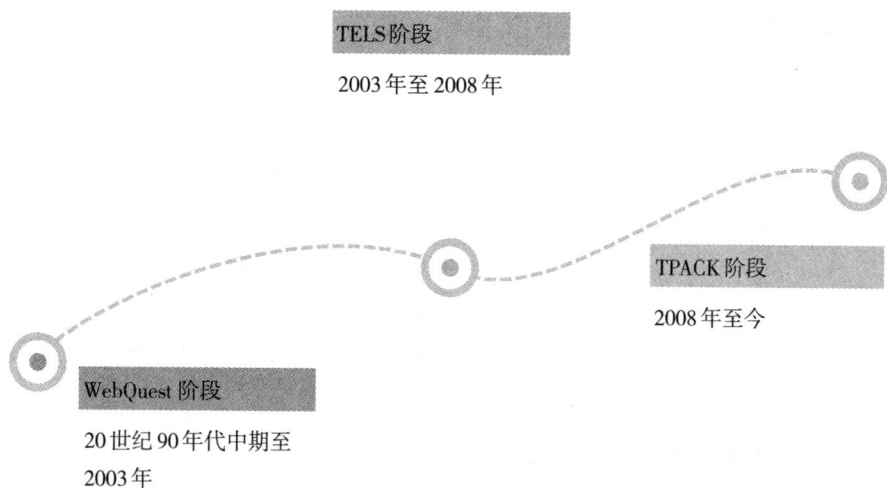

图 2-2　美国对信息技术与课程整合途径与方法的研究发展阶段

（1）信息技术与课程整合的第一阶段。信息技术与课程整合的第一阶段主要关注了基于网络的学生自主学习和自主探究，其中最主要的模式是 WebQuest。从 20 世纪 90 年代中期开始，美国在实施信息技术与课程整合方面采用了多种教学模式，包括即时教学（Just-in-Time Teaching，JiTT）、基于网络的探究（WebQuest）、基于问题的学习（Problem-based Learning）、基于项目的学习（Project-based Learning）和基于资源的学习（Resources-based Learning）等。

从本质上讲，基于问题的学习、基于项目的学习、基于资源的学习和基于网络的探究都属于基于网络探究的同类模式。这些模式都以自然界或社会生活中的实际问题为探究主题，通常涉及多个学科的交叉和多种知识的综合运用（或一个学科内多个知识点的综合运用）。这些模式需要通过网络进行大量的文献调研和小组合作探究，花费较多的课外活动时间。因此，基于问题的学习、基于项目的学习和基于资源的学习实际上可以看作是 WebQuest 模式的三个子类，并且都属于课外整合模式。

综上所述，20 世纪 90 年代及 21 世纪初期，美国实施的主要整合模式实际上只有 WebQuest 和 JiTT 两种。其中，在教学应用中，WebQuest 模式占据了主导地位。

（2）信息技术与课程整合的第二阶段。在信息技术与课程整合的发展过程中，第二阶段的主要特征是整合模式从原来主要关注课外整合模式（如 WebQuest）逐渐过渡到关注课内整合模式。在这一阶段，TELS（Technology-Enhanced Learning in Science）成为主要的整合模式。

TELS 的核心关注点是中学理科课程设计，它将初、高中理科各学科内容重新设计为 18 个主题模块。这样的设计旨在更有效地实现信息技术与学科教学的课内整合，从而克服 WebQuest 等课外整合模式在中小学各学科基础知识的系统学习和掌握方面的不足。

TELS 模式的采用有助于提高中小学理科课程的教学质量，因为它将信息技术与课程内容更紧密地结合在一起，使学生在课堂内就能充分利用信息技术进行学习。这与 WebQuest 等课外整合模式相比，更有利于学生系统地学习和掌握各学科的基础知识。通过这种课内整合模式，教育者可以确保学生在课堂上有效地利用信息技术，提高学习效果和效率。

（3）信息技术与课程整合的第三阶段。从第一和第二阶段的整合模式来看，它们主要关注的是"技术"（强调"基于网络"的学习，即"信息技术环境下"的学习）和"学生"（强调学生的"自主学习、自主探究"）。虽然在第二阶段开始关注课内整合，但其目的仅在于将基于网络的自主探究式学习引入课堂。换句话说，在前两个阶段的整合过程中，强调的是"技术"及"学生"对技术的自主运用，而没有认真关注"教师所需的知识"和"教师在信息技术整合于学科教学过程中的重要作用"。

在美国，最早发现这类问题并尝试加以纠正的学术机构是"全美教师教育学院协会创新与技术委员会"。他们提出了 TPACK 模型，即"整合技术的学科教学知识"（Technological Pedagogical And Content Knowledge）。TPACK 模型不仅对每个学科内容的技术整合至关重要，而且还会改变"教师的培养方式"和"技术在教育情境中的应用方式"。

TPACK 模型强调了教师在信息技术整合过程中的关键作用，以及他们需要掌握的技术、学科和教学知识。这种模型更全面地考虑了教育的各个方面，有助于更有效地将信息技术整合到各学科教学中。因此，TPACK 正逐渐发展成为一种能将信息技术整合于各学科教学的全新可操作模式，这将对教育领域产生深远的影响。

2.超越传统课堂的新模式

网络教学在多个方面超越了传统课堂教学，包括课程内容、教学时空、组织方式和教学评价等，其目标是满足学生个性化、自主化和多样化发展的需求。如何利用网络技术打破传统课堂教学的限制，创造信息时代的新型教育教学模式，已成为信息时代教学研究和教育实践的关注焦点。近年来，经过广泛探讨和认可的新型教学模式主要包括：翻转课堂、项目学习和大规模在线开放课程等。这些教学模式在课程内容、教学内容、组织方式、教学评价等方面颠覆了传统课堂教学，为信息时代教育教学的革新提供了新思路和视角。

（1）翻转课堂。翻转课堂起源于美国，利用网络连接技术，优化知识传授和知识内化两个教学环节，重塑课堂教学中的师生角色、课堂时间安排和教学流程等要素，实现对传统课堂教学模式的改革和创新。翻转课堂的核心在于利用网络连接技术突破传统教学时空的限制，实现对传统课堂教学流程的"翻转"。

（2）项目学习。项目学习源于美国教育家杜威提倡的"从做中学（learning by doing）"。近年来，随着网络教学应用的普及，项目学习与网络技术相结合，形成了一种以学生为中心、超越传统课堂的新型教学模式。项目学习是一种将项目管理理念应用于教学的模式，强调以学生为中心，在教师指导下，围绕现实生活中的实际问题，让学生扮演特定的社会角色，运用学科基本概念和原理，借助各种资源、工具和技术，通过调查、观察、探究、交流、展示、分享等方式开展实践探究活动，解决一系列问题，从而获取知识和技能。

项目学习打破了传统教学中以"教师、课程、课堂"为中心的模式，体现了以"学习者、经验、活动"为中心的理念，它是一种以学生为中心的教学模式，其支持理论包括建构主义学习理论、杜威的实用主义教育理论和布鲁纳的发现学习理论等。

近年来，我国在多个大型教育信息化国际合作项目中，积极采用项目学习理念。在上千所学校开展了网络环境下的项目学习教改研究，取得了大量优秀教学案例。

（3）大规模在线开放课程。大规模在线开放课程（Massive Open Online Courses，简称MOOC）最初由加拿大学者西门子和唐斯在2008年提出并实践，以关联主义学习理论为基础。第一门MOOC课程名为"联通主义和联通的知识（Connectivism and Connective Knowledge）"。

MOOC突破了传统教育的边界，提供了免费、开放、高质量的在线课程，依托于课程参与者的自发参与和互动。随着MOOC理念的发展，越来越多的高校和机构加入这一教育创新中。2012年，一些大学机构在开放教育资源的基础上，融合MOOC的教学理念，开发了Coursera、Udacity、edX三大MOOC课程平台，整合了大量名校的课程视频资源，为世界各地的网络学习者提供优质的高等教育课程。

这些国际合作项目和MOOC平台的成功实践，充分展示了项目学习和大规模在线开放课程在突破传统教学模式、满足学生个性化需求、激发教育创新等方面的巨大潜力。在未来，随着信息技术的持续发展和普及，这些新型教学模式将在教育领域发挥更为重要的作用，促进全球教育事业的进一步繁荣。

第三节　面向教育信息化的小学教师专业发展研究

面向教育信息化的小学教师专业发展的研究，可以按照研究的主体，分为教育相关部门、学校方面、教师群体。笔者就这三个群体进行分析，并且提出针对性建议。

一、教育相关部门

（一）制定促进小学教师专业发展的政策

1.制定促进小学教师专业发展的政策的原因

因为缺乏相应的政策刺激，学校对教育信息化改革的热情相对较低。相应地，投入教育信息化改革的时间、精力和财力也不足，导致学校的信息化教学设备无法得到及时更新，针对教师的相关宣传和培训也显不足。此外，当前的一些政策较为宏观，对学校日常教育教学实践的具体指导政策有待完善，使得部分学校在实施过程中感到困惑和无所适从。

2.制定促进小学教师专业发展的政策的可行措施

教育信息化政策作为教师专业成长的宏观驱动力，为教师在精神和物质层面提供支持。教育政策既可以规范和引导教师专业发展，发挥约束作用，也可以激励和协助，进一步促进其成长。

为推动教育信息化改革中教师专业发展，教育部门首先要制定推动学校深入实施教育信息化的政策，强化对信息化教学观念和模式的官方推广，让教师深刻理解教育信息化对教学和学习的影响，从而激发他们学习新的专业理念、知识和技能。其次，完善教育经费投入政策，加大对教师信息化教育培训和实践的资金支持，持续改进小学信息化教学设备，为教师探索创新教学方式提供全方位的人力、物力和财力保障。再次，建立鼓励教师专业发展的评价机制，改变过去过分关注教师教学成果和研究成果的评价方式，采用发展性评价制度，重视教师的专业学习和成长过程。最后，制定相关政策改变社会对教师的认知，营造尊敬教师、重视教育的社会氛围，为教师专业发展创造良好的社会环境。

（二）完善网络教育资源服务平台

1.完善教育资源服务平台的原因

教育信息化改革为教师带来了优质教学资源共享和学术交流的机会，

为教师们跨地域交流创造了方便条件。然而，由于网络培训平台投入不足，导致一些培训平台功能不够完善。比如，现行的部分网络学习平台主要提供预先上传的专业学习视频，却缺乏与专家或同行进行实时交流的渠道，这就使得教师在学习过程中遇到的问题无法得到及时解答。又如，部分平台提供的学习内容可能并不符合大多数教师的需求，无法解决他们在实际教学中遇到的问题。这些因素都可能导致教师降低对专业学习的兴趣。

2.完善网络教育资源服务平台的可行措施

教育部门在构建基于互联网的教育资源服务平台时，应保持开放思维，并坚守多元化与本土化相结合的原则。这意味着要引进外省优秀教育资源，勇于借鉴，同时收集省内和区域内的优质教育资源，实现合作、共建和共享，积极推广。

以用户为中心的教育资源服务平台应满足教师的实际需求。通过互联网收集教师对专业学习内容的意向，整理出教师专业学习需求较高的领域，着重开发这些领域的教育资源，并向教师免费提供。这将有助于满足教师的学习需求并提高其专业学习兴趣。

针对性地为教师安排信息技术培训。根据不同信息技术水平的教师，对教师信息技术培训内容设定层次，使他们能够根据自身情况学习。信息技术培训内容可分为三个层次：基本信息技术（如多媒体操作技术、PPT 制作、动画视频制作、图像和视频处理、大数据分析技术等）；信息技术与教育教学整合方法，让教师了解如何在课堂教学中选择和利用信息技术以及引导教师在不同情境下有效利用信息技术开展教学工作，如指导学生进行在线探究学习、利用大数据分析学生学习中的薄弱环节等。

为教师提供与专家和同行交流的渠道。教师在网上教育资源平台自学时可能会遇到难以理解或解决的问题，无法及时解答的疑问可能会影响其学习兴趣和积极性。因此，网络教育资源平台应为教师提供与专家和同行交流的途径，以便解决学习过程中的疑问或教育教学中遇到的困难。

（三）为小学教师专业发展提供信息技术支持

1.为小学教师专业发展提供信息技术支持的原因

（1）适应信息化时代的需求。随着信息技术的迅速发展，教育领域也需要紧跟时代，更新教育理念和教学方法。为小学教师提供信息技术支持，有助于他们更好地适应信息化时代的教育环境，提高教学质量。

（2）提升教师专业素养。信息技术支持可以帮助教师扩大专业知识，提高教育教学技能，从而提高教师的专业素养，为学生提供更高质量的教育。

（3）丰富教育资源。通过信息技术支持，教师可以更方便地获取和整合各种教育资源，为学生提供更丰富、多样化的学习材料，丰富教学内容，激发学生的学习兴趣。

（4）促进教师专业发展。信息技术支持可以为教师提供更多的专业发展机会，如在线培训、研讨会、教育论坛等，帮助教师不断地学习、交流和提高，从而实现个人职业生涯的持续发展。

2.为小学教师专业发展提供信息技术支持的可行措施

由于部分学校缺乏专业的信息技术指导人员，因此在建立教师专业发展网络平台或电子评价档案时，学校很可能会遇到技术难题。为解决这一问题，教育部门应安排专业的信息技术人员为面临技术困境的学校提供协助。在构建教师专业发展网络平台或电子评价档案的过程中，技术人员、专职教师和学校管理人员应分工合作，充分利用技术人员的技术优势及教师和管理人员的专业优势，避免教师和管理人员浪费时间在不必要的技术探索上。

另外，鉴于现代信息技术不断更新，教育部门需要为教师专业发展提供持续的技术支持。当新的信息化教学技术问世时，教育部门应及时向学校和教师推广和介绍，使教师能够迅速掌握并运用这些新技术。

二、学校方面

（一）为教师专业发展提供多样化的学习途径

1.为教师专业发展提供多样化的学习途径的原因

教师职业发展途径可以分为两类：正式和非正式。正式的职业发展通常包括学校组织的有计划、短期的教师培训，这种方式往往采用集体讲授形式。与之相反，非正式职业发展是自主、合作和持续性的。

研究表明，非正式职业发展途径往往更有效。在非正式职业发展过程中，教师摆脱了被动地位，每位教师都成为组织的积极参与者。教师对学习内容有更明确的目标，主动性更强，能够实时地将所学应用到实践中，进行反思和讨论，使职业发展具备持续性。

然而，目前学校尚未充分认识到非正式职业发展途径的重要性，导致学校在这方面的实践不足。

2.为教师专业发展提供多样化的学习途径

（1）组织教师开展混合式研修。混合式研修是将传统面对面和现代在线教育相结合的一种学习方式。这种学习方式可以克服单一的面对面或在线研修的不足，使得教师的专业发展途径变得更加灵活，学习成效也可以得到提高。

传统的面对面"讲授"式培训方式缺乏个性化的针对性。对于教师教学水平具有差异性的现状，这种培训方式显得不够灵活。但是，面对面培训方式也有其优点，当教师有疑问时，可以及时向培训者寻求帮助和解决疑问。相比之下，在线培训方式可以让每位教师针对自身教学中的薄弱之处，有针对性地进行专业学习。但是，在线学习的不足在于对一些实践性较强的知识的学习效果可能不太理想，遇到疑问时难以及时得到解决。因此，混合式学习方式可以使两者形成互补。

在信息化教育背景下，教师的专业发展既不可能是纯粹的面对面学习，也不可能是纯粹的在线学习，而应该是两者的结合。理论性强的知识可以通过在线学习或混合式学习方式进行传递，而实践性强的知识可以通过面对面学习的方式展开，或者在网络上学习了理论之后，再结合面对面的学习来指导实践。因此，根据内容来选择研修方式可以节省时间和精力，并且可以取得更好的效果。

要开展混合式研修，需要实现"研"和"修"的一体化，即研修一体。在这个过程中，通过对教师的培训和组织教师开展教学研究等方式，增强教师的自主学习意识，提高教师的专业素养。同时，在信息化教育改革背景下的混合式研修中，应该以互联网与教育教学的整合问题为中心，组织教师展开研究和学习，并邀请专家进行培训。混合式研修还可以通过提供实践性机会来加强教师的专业发展。比如，可以组织教师参观其他学校的教学实践活动，或者在校内组织教师进行教学观摩与反思。这些实践性机会可以帮助教师更好地了解教育教学现状与发展趋势，从而更好地提高自身的教学水平。

混合式研修还可以鼓励教师进行教学创新。传统的培训方式往往只是将教师们训练成"教学专家"，而混合式研修则可以让教师更自由地思考和探索，激发他们的教学创新意识和实践能力。比如，可以鼓励教师利用教育技术手段创新教学方式，或者组织教师开展改进课堂教学的实践研究。这些创新性实践不仅可以提高教师的教学水平，也可以为学校和教育行业的改革提供有益的借鉴和参考。

总之，混合式研修是一种灵活、多样化的教师专业发展途径，它通过面对面与在线学习的结合，提供了更全面、更有针对性的专业培训与教育研究服务。同时，混合式研修还可以促进教师自主学习和实践创新，为教师的专业发展提供更为广阔的发展空间和支持。因此，教育机构和教育管理部门应该积极推广混合式研修，为教师的专业发展提供更为合适的支持和保障。

（2）构建教师网络学习共同体。教师网络学习共同体是一种利用互联网平台，为教师提供互助、共享、合作、互动的专业发展学习组织。相较于传统的教师个人学习，教师网络学习共同体更具有开放性、合作性、共享性，能够为教师提供更加全面、深入的学习体验，同时减少教师的孤立感和防止职业倦怠。

为了促进教师的专业发展，学校应该鼓励教师组建自己的教师网络学习共同体，让每位教师成为学习共同体的建设者，促进教师之间的有效合作和有益竞争，实现教师个体和团体的共同发展。

教师网络学习共同体的特点是通过各种主题活动来引导教师充分利用资源共享和研讨板块展开学习、交流，促进专业发展。这个共同体应该将正式和非正式学习、个体和合作学习结合起来，让教师可以根据自身情况选择适合的方式和内容进行学习，有效利用时间和资源。共同体的成员包括各级教师、专家、研究人员、组织者和管理者。专家和研究人员为教师提供学术性支持和指导，并对教师们的讨论给予及时的反馈和评价；组织者负责收集教育教学工作中迫切需要解决的问题，或教育改革中的热点问题，并围绕制定主题组织各种活动；管理者则持续关注教育领域的新动态，更新教育资源，确保共同体能够有效运作。共同体的活动包括教师研讨、专家指导、分组活动等多种方式，既有同步的交流，也有非同步的交流。同步交流可以形成热烈的学习氛围，有利于活动的深入，而非同步的交流可以让教师有充足的时间进行思考，有效利用碎片化时间。

教师网络学习共同体可以为教师提供更多的发展机会。通过学习团体的互动和交流，教师可以掌握更广泛的专业知识和技能，拓宽自己的专业领域，提升自己的职业素养和竞争力。同时，学习团体中的合作学习也可以帮助教师更好地发挥个人优势，弥补自身不足，进一步提高自己的专业能力。此外，教师网络学习共同体还可以促进教师之间的职业发展和交流，为教师提供更广阔的职业发展空间和机会，帮助他们更好地实现个人职业规划。

要构建一个高效的教师网络学习共同体，需要注意以下几点。首先，共同体的构建需要各方面的支持，包括学校管理层、教育专家、技术支持团队等。其次，共同体需要有明确的组织者和管理者，他们需要负责共同体的规划、组织、运作和管理，确保共同体能够持续、高质量地运作。再次，共同体需要有良好的学习氛围和文化，要鼓励教师之间的互相支持、分享和合作，同时也需要有一些激励机制来鼓励教师积极参与。最后，共同体的内容和形式需要有针对性和灵活性，以满足不同教师的需求和兴趣，同时也要保持创新和多样性，以不断推动共同体的发展和进步。

教师网络学习共同体是一个具有很大潜力的教育发展模式，它可以有效地促进教师的专业学习和发展，提高教育教学的质量和水平。我们应该重视和支持这种模式的发展，不断完善和创新，为教师的专业发展和教育事业的发展作出贡献。

（二）营造有助于信息化教育教学的学校氛围

1.营造有助于信息化教育教学的学校氛围的原因

尽管如今学校为教师提供的培训课程日益丰富，培训方法也逐渐增多，但由于缺乏对这些培训的深入研究，导致培训过程中出现一些问题，进而影响了培训成果。

例如，有些教育观念或教学模式具有较强的实践性，然而教师往往通过专家演讲或观看视频来学习。当他们亲自实践时，常常会遇到问题。此时专家并未在场，教师缺乏有效沟通途径来解决自己的疑惑，从而影响了实践的进行。此外，一些课程缺乏针对性。

例如，对于已经熟练掌握信息化教学设备操作的教师，却需要和不熟悉操作的教师一起学习基本操作技能。为了解决这些问题，学校需要深入研究教师培训的内容和方式，使教师能够在有限时间内学到所需知识，从而增强培训效果。

营造有助于信息化教育教学的学校氛围至关重要，它有助于提升教育质量、促进教育公平，培养创新人才并推动学校管理现代化。

2.营造有助于信息化教育教学的学校氛围的可行措施

学校氛围是学校在发展过程中形成的对其成员的观念、态度、行为等产生潜在影响的心理环境，对学校的教职员工和学生具有引领作用。在信息化教育的背景下，学校氛围的营造对于教师专业发展至关重要。

学校作为学习型组织，应该营造有助于信息化教育教学的学校氛围，包括鼓励教师树立终身学习的理念，积极学习新的教育理念和教学模式，为教师提供各种软硬件方面的支持，让教师进行信息化教育教学的尝试并不断总结经验。此外，教师之间应该团结互助，维持良好的激励、合作、竞争关系，共同总结信息化教育教学的经验，找到适合学校教育教学改革的模式。

学校对教师的管理也应该更加民主、开放，给予教师足够的学习和研讨时间，减少不必要的组织活动时间，并制定一些奖励制度来激励教师探索信息化教育教学模式，将教师对信息化教育教学的探讨作为一项科研成果，将基于互联网的教学也算作教学工作量等。

通过学校管理者和教师的共同努力，推进信息化教育在学校教育教学实践中的开展，不仅能够促进教师专业发展，更能够实现学校和教师共同发展的目标。

（三）建立教师评价的电子档案袋制度

1.建立教师评价的电子档案袋制度的原因

传统的教师评价制度的问题在于过于重视学生的考试成绩，并且缺乏对教师专业发展的关注。这种评价制度会导致教师的教学工作过度围绕着学生的考试成绩展开，而忽视了尝试新的教育理念和教学方式的重要性。这种评价制度注重对教师的短期的教学成绩进行评价，而忽略了教师专业成长和发展的长远影响。针对这种问题，可以建立一种基于互联网的教师评价电子档案袋制度，注重教师专业成长和发展。

2.建立教师评价的电子档案袋制度的可行措施

这种教师评价方式可以记录教师的学习、成长过程，注重教师的专业发展，对教师个体差异予以尊重，不涉及奖惩。评价内容可以包括教师的教学展示、专业学习成果、日常教学反思等方面。实施评价可以充分利用互联网，包括来自教师同事、学校管理者、学生、家长的评价和教师自我评价等多方面的信息。评价结果可以按时间顺序保存在每位教师专属的电子档案袋中，教师可以随时登录相关网页查看，不仅有助于教师找出自己的不足，及时改进，也可以让教师看到自己的成长，用数据变化来激励教师不断学习，促进专业发展。学校可以根据教师专业标准制定教师评价的标准，为全面评价教师提供具体的参照，以建立一个有助于教师专业发展的评价机制。

三、教师群体

（一）增强利用互联网进行专业发展的自主意识

1.增强利用互联网进行专业发展自主意识的原因

教师对教育改革关注度不够、参与培训的积极性较低、对自己的职业生涯规划不明确等，大多与教师专业发展自主意识薄弱有关。如果一个教师缺乏专业发展意识，不追求教学能力的提高，满足于现有的教学水平，那么他在学校组织的任何教师培训中参与度也不会高，更不会主动去学习和关注新的教育理念。教师的专业发展自主意识是在没有外部强制要求下，源自内心主动追求专业进步的想法。这种意识能促使教师不断地进行反思、学习、改进，以实现自身的发展。

2.增强教师利用信息化教育进行专业发展自主意识的可行措施

信息化教育改革为教育领域带来了深刻的变革，对教师专业素养提出了新的要求。在这一背景下，教师需要具备互联网思维特征，积极应对网络环境中复杂多样的信息资源。此外，不断发展的信息化教育教学技术、个性化和创新型教育的要求，以及丰富的网络教育资源，都对教师的专业知识和专业能力提出了更高的要求和挑战。这些新要求迫切需要教师不断进行专业发展，以更好地适应教育改革的趋势。

根据自我实现理论，随着人们的低层次需求逐渐被满足，他们会产生自我实现的需求。高层次需求的满足有助于人的身体健康和精力旺盛。如今，小学教师的基本需求已经得到了满足，他们开始追求自我实现。在这个过程中，教师会更加热爱教学工作，不断学习，追求发展，致力于出色地完成每一项任务，实现自身的人生价值，从而获得精神上的满足。

随着信息化教育的逐步实现，教师的自主专业学习和自我实现有了更大可能。网络上的教师教育资源日益丰富，学习方式越来越多样化，移动终端也在不断完善。这些都为教师在任何时间、任何地点进行自主学习提供了途径。

面对这些变化，教师首先要增强专业发展的自主意识。具备较强的专业发展自主意识的教师能够积极应对改革对教师专业素养的新要求，认识到自身的不足之处，主动利用各种途径去学习新的专业理念和知识，不断提高自己的专业能力，关注自身的道德修养，从而更好地适应教育领域的变化，推动专业发展，实现教师的价值，获得精神满足。教师若想增强自主意识应具备以下四个特征。

（1）终身学习的精神。对于信息化教育改革下的教师来说，终身学习的精神尤为重要。信息化教育使教师以往的知识经验不断老化，教师仅靠原有的知识经验是无法胜任现在的教育工作的。这就要求教师具有终身学习的精神，与时俱进，更新自己的知识体系。

（2）善于利用互联网。互联网为教师带来了开放性的教育资源，使教师可以接触到国内外的大量教育资源，并与各地教师进行交流。教师要善于利用互联网提供的发展机遇，积极地进行自主学习。此外，互联网为教师提供了多样化的发展途径，教师可以结合自身情况选择适当的途径进行学习。

（3）经常性地反思。教师应该经常对自己的知识结构、专业学习、教学实践等进行反思，总结经验，发现不足，不断改进。教师可以利用网络，与专家、同行交流自己的反思结果，分享好的经验，探讨存在的问题。

（4）合作学习。信息化教育实现了跨时空的资源共享和互动交流，处于这种背景之下的教师要具有合作的意识，积极参与一些网络学习共同体，一起研讨问题，合作解决问题，互相激励，实现共同进步、共同发展。

信息化教育改革对教师专业素养提出了新的要求,教师需要适应这一变革,增强专业发展的自主意识。通过终身学习、善用互联网、经常性反思和合作学习,教师能够不断提升自己的专业水平,更好地适应教育改革的趋势,实现自身价值,获得精神满足。

(二)养成互联网思维习惯

1.养成互联网思维习惯的原因

随着互联网技术的飞速发展和普及,互联网已经深入人们生活的方方面面。教师需要跟上时代的步伐,充分利用互联网资源优化教学。

互联网为教师提供了丰富的教学资源,养成互联网思维习惯可以帮助教师更有效地利用网络资源,提高教学质量和效率。互联网思维习惯有助于教师进行教学创新,运用新的教育技术和方法,提高教学活跃度和学生参与度。互联网提供了方便的交流平台,教师可以通过网络与同行进行分享和交流,获取新的教育理念和教学方法,促进自身专业成长。

2.养成互联网思维习惯的可行措施

互联网思维在信息化教育改革中发挥着至关重要的作用。为了适应信息化教育改革对教师提出的新要求,教师必须培养自身的互联网思维习惯,从而更好地适应信息化教育的发展与变革。

教师应具备用户思维,将学生置于教育工作的核心。教师需围绕学生的需求来安排教学活动和规划专业发展方向,及时更新知识结构,满足学生个性化和多样化的发展需求。

教师需要培养大数据思维,善于利用大数据技术分析学生的学习过程,为教育教学工作提供依据。这意味着教师要经常搜集并科学分析教育教学过程中产生的数据,发现潜在问题,以完善教育教学实践。

教师应具备共享思维,积极参与网络上的教师学习活动,实现相互学习与共同发展。这不仅包括虚心学习他人的成功经验,还包括分享自己的观点和知识经验。

教师还需要跨界思维,利用互联网提供的开放资源,跨越专业、学科、学校等界限，进行多方面的学习。这将有助于教师从多角度思考和解决问题，以满足学生全面发展的需求。

教师需要具备创新思维，以开放的心态面对信息化教育带来的变化。这意味着教师需要改变传统的教育理念，发现和实践新的教学模式，使教育工作更加高效，更有利于学生的成长。

总之，教师在信息化教育改革中需要培养互联网思维习惯，以更好地适应教育领域的变革。通过培养用户思维、大数据思维、共享思维、跨界思维和创新思维，教师将能够更好地应对信息化教育的挑战，从而推动教育改革的发展。

（三）制定明确的职业生涯规划

1.制定明确的职业生涯规划的原因

在教育领域信息化变革的大背景下，为适应不断发展的需求，教师需要通过专业学习，以持续提升自身的专业素质。在对自身专业发展现状进行客观和全面的分析基础上，教师应制定明确的职业生涯规划，这有助于合理安排教学活动和专业学习，为其专业成长提供实际可行的方案。

设定目标可以激发教师自我完善的动力，推动专业发展，提高自我效能感，享受职业生涯带来的成就感。这样的过程将有力地解决职业倦怠，保持教师的教学热情和专业水平。

教师还应关注最新的教育理念和技术，以便将这些理念和技术整合到自己的教学中，提升教学质量。通过参与教育研讨会、学术论坛或在线学习社群，教师可以扩大自己的专业视野，与同行进行交流和分享，促进彼此的共同成长。

教师还应关注学生的需求和发展，关心学生的心理健康，帮助学生建立良好的学习习惯和人际关系，从而使学生全面发展。在教育实践中，教师要关注自己的教学反馈，及时调整教学策略，促进学生的学习进步。

教师在教育信息化变革中应不断提升自身的专业素质，明确职业生涯规划，设定目标，关注新的教育理念和技术，与同行交流，关注学生的需求和发展，以应对职业挑战，实现自身的专业成长。

2.制定明确的职业生涯规划的可行措施

在规划职业生涯时，教师需从信息化教育的大背景出发，将其与小学教师专业标准对教师素养的要求结合，以制定阶段性和总体目标。确保目标具有可行性，符合当前教育改革对教师的需求，避免内容过于宽泛、缺乏具体的发展标准或实施路径。同时，目标应具有挑战性，但在付出努力后能够实现，以便激发教师的发展积极性。

教师可采用以下五个步骤来制定明确的职业生涯规划，教师职业生涯规划五步骤如图 2-3 所示。

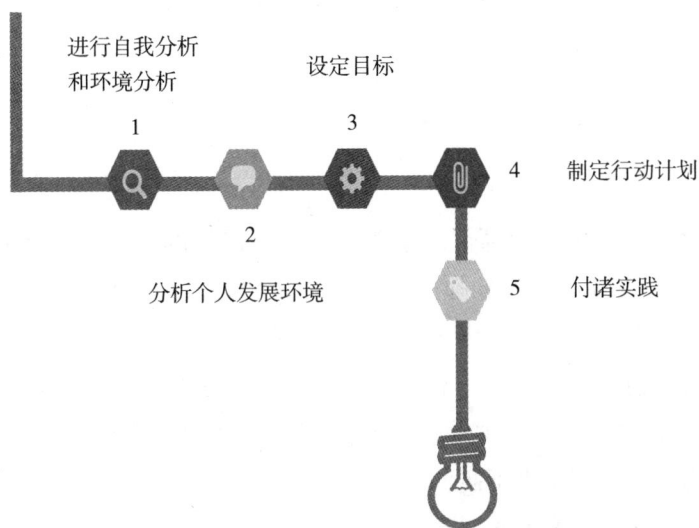

图 2-3　教师职业生涯规划五步骤

（1）进行自我分析和环境分析.教师需要客观地了解自身优缺点，使规划更具针对性。

（2）分析个人发展环境。了解信息化教育、学校、家庭、社会对个人专业发展的影响，确保规划的可行性。

（3）设定目标。在全面分析个人及发展环境的基础上，制定明确的发展目标。可以根据教育领域发展趋势设立长期目标，根据长期目标、个人现有水平和实际条件将其拆分为多个短期目标。

（4）制定行动计划。在目标确定后，需制定具体的行动计划以实现目标。例如，个人计划可以通过网络教育资源平台进行自主学习、教师个人反思等方式实现；互动计划则可以通过参加教师学习组织、研讨会等途径实现。

（5）付诸实践。无论目标和计划设计的如何完善，都需要实际行动来实现。教师需具有恒心和毅力，积极主动地利用"互联网＋教育"带来的优势，逐步实现目标。在一段时间的行动之后，教师应对自身的发展进行及时评价，审视目标和计划的适当性，并进行相应调整。同时，因为信息时代社会的变化迅速，可能会出现难以预测的情况，这也需要教师做出适应性调整。

（四）提高自身的信息素养

1. 提高自身的信息素养的原因

信息化教育改革对教师信息素养提出了更严格的标准，使其成为一种必不可少的品质。有些教师因为对信息化教育改革的理解不够深入，对相关教育理念知之甚少，尚未充分认识到这一变革对教育带来的影响，以及对自身信息素养的要求。因此，他们没有给予自身信息素养足够的关注，在日常教学中缺乏主动学习和探究信息技术与课程整合的意识，导致自身的信息素养水平不高。

2. 提高自身的信息素养的可行措施

在信息化教育环境下，教师的信息素养日益成为一种关键品质。要更好地适应教育领域的变革，教师需要提升以下四个方面的信息素养：信息意识、信息知识、信息技能和信息道德。

第一，信息意识。提升信息意识是提高教师信息素养的前提。教育信息资源的快速增长和信息技术的发展受到教师信息意识的影响。教师需认识到这些资源和技术的价值，才能主动地将其应用于教育实践。教师应转变传统观念，了解新的教育理念和教学模式，认识到信息化带来的教育领域的巨变，从而不断强化自己的信息意识。

第二，信息知识。信息知识是教师信息素养的基础。首先，教师需要掌握网络资源的获取方法与"互联网+"相关的概念、技术和使用方法，以及迅速发展的信息化教学技术的知识。其次，教师应深入了解信息化教育背景下的特点和信息技术整合方法，以便在教育工作中根据实际需求选择合适的信息化教学技术和工具。

第三，信息技能。信息技能是教师信息素养的具体体现。首先，教师应具备利用和创造教育信息资源的能力。教师需要有效地选择、加工和应用这些信息资源，并利用互联网进行教育资源的创造。其次，教师应具备信息化教育教学能力。随着信息化教育改革的深入，多媒体及基于互联网的各种设施和技术将在教育实践中得到广泛应用，教师需要熟练使用这些设施，合理设计和高效实施信息化教学，以及进行信息化教学评价。再次，教师应能有效地利用互联网与学生交流，与家长合作。最后，教师应充分利用互联网进行专业学习，交流和讨论教育教学问题，促进自身专业发展。

第四，信息道德。信息道德是提高教师信息素养的保障。信息化教育在获取教育资源方便的同时，也容易引发侵犯知识产权、个人隐私等法律问题。此外，互联网上的信息来源繁多，难免存在一些虚假或不良信息。因此，教师需要具备较高的信息鉴别能力，以正确地利用信息资源为教育教学服务。

教师在使用信息资源时应具有社会责任感，意识到自身道德水平对学生和社会的重要影响，客观地对待教育信息资源，选择有益于教育教学、有效且正确的教育资源，杜绝信息资源的滥用。同时，还要具备信息自律意识，合理且合法地利用信息资源，防止学术造假和剽窃行为。

第三章　教育信息化背景下教学技能需求

第一节　信息获取技能

一、获取信息技术分析

（一）联机检索技术

1.联机检索的溯源

联机检索技术作为当代信息检索的核心方法，利用计算机和网络技术为用户提供高效、便捷的信息获取途径。无论是信息高速公路、因特网（Internet）还是中国国家计算机与网络设施（The National Computing and Networking Facility of China，NCFC），它们都依赖联机检索技术作为基础架构来实现信息访问。

在计算机应用与信息检索的早期阶段，脱机批处理方式得到了广泛应用。这种方式要求用户在计算机旁进行检索，通常将一系列检索请求汇集起来，定期在计算机上进行批量检索。这种方法不需要远程终端设

备和通信网络，成本较低，技术要求不高。然而，它存在一些无法克服
的缺点，如地理障碍、用户与系统间缺乏直接交流等。[①]

为解决这些问题，联机检索技术应运而生。在联机检索过程中，用
户通过通信网络在检索终端与联机情报检索中心的中央计算机进行实时
连接，实现对远程数据库信息的检索。这种方式是实时的、直接的，无
须委托，并且采用"人机对话"式交互，用户可以随时修改检索策略，
浏览和查看文献。由于具有诸多优点，联机情报检索发展迅速，短时间
内经历了研究开发试验、地区性应用和国际联机三个发展阶段。联机检
索技术三步骤如图 3–1 所示。

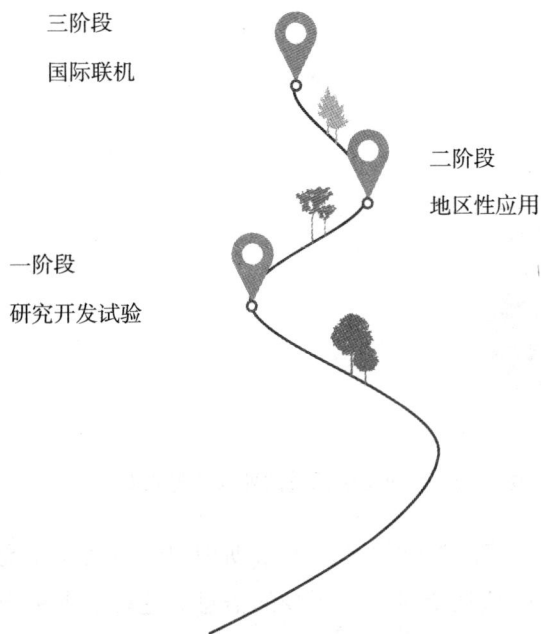

三阶段
国际联机

二阶段
地区性应用

一阶段
研究开发试验

图 3–1 联机检索技术三步骤

2.联机检索主要功能

如今，全球范围内存在许多联机检索系统，其中一些知名的联机检

[①] 北京未来新世纪教育科学发展中心.教师如何培育信息素养 [M].呼和浩特：远方出版
社，2008：85.

索系统包括 DIALOG、ESA/IRS、ORBIT 和 STN。这些系统通常提供追溯检索、定题服务、联机订购原始文献、光盘检索等服务功能。联机检索系统的四大服务功能如图 3-2 所示。

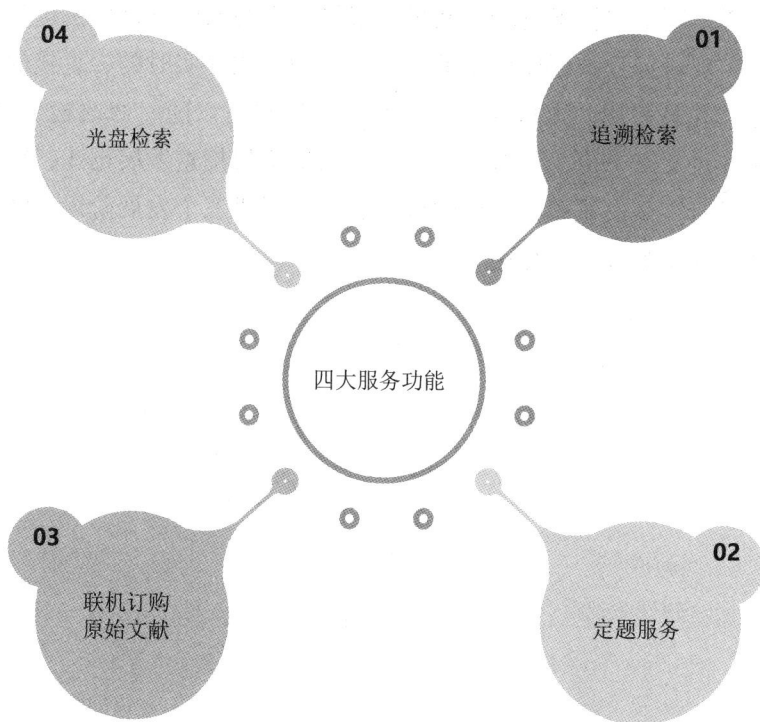

图 3-2　联机检索系统的四大服务功能

（1）追溯检索。追溯检索服务主要帮助用户进行历史信息检索，查找过去某段时间内或从某个时间点至今的信息。这种服务能够让用户全面了解某一课题在特定时间段内的发展情况，对于申请专利、课题开题、科研项目鉴定、综合性论文撰写及教材编制等方面非常有用。为满足用户的追溯检索需求，一般的联机系统都设有年份限制功能。有些系统为了方便用户操作，将大型数据库按年份划分成不同子文档，如 DIALOG 系统中的 CA SEARCH 数据库。

（2）定题服务。该服务允许用户仅需输入一次表示信息需求的检索策略，并进行存储。根据数据库更新周期，系统会周期性运行存储的检索策略，检索出最新文献资料并提供给用户。这种服务主要用于及时了解某一专题的国外研究水平和发展动向，尽管其费用较高。目前各大联机系统均提供此类服务功能。

（3）联机订购原始文献。用户在进行计算机联机检索时，一般获取的是二次文献。为了获得所需原始文献，用户可能会受到馆藏不全或国外文献邮寄延迟等因素的影响。对于一些急需且具有较高实用价值的文献，用户可以通过检索终端向联机情报检索系统申请订购。一些大型联机系统都提供这种业务。例如，DIALOG 系统的联机订购黄页提供数据库供应商的业务范围、地址等信息，以便用户在订购原始文献时与数据库供应商进行联系。

（4）光盘检索。光盘检索既可作为一种独立的联机检索方式使用，也可与远程联机检索系统联用。为了便于用户使用和推广产品，有些联机系统将光盘数据结构和指令语言设计成与远程联机情报检索相同。这对熟悉联机检索系统的用户非常有用，且光盘检索费用低于联机检索费用。光盘检索不仅可以提供与上述相同的追溯检索和定题服务，还可以用于整理数据、建立"自建库"、培训用户及进行联机检索的预处理工作。

2.联机检索的特点

联机检索作为一种现代化的检索技术手段，发展迅速，主要具有以下特点。

（1）快速、多样和全面的检索功能。联机检索可以在短时间内检索一个或多个课题，查找数十篇、数百篇甚至数千篇文献。同时，它可以全面地检索一个专题或交叉学科课题。

（2）实现信息资源共享。借助通信网络，用户可以在自己的办公室通过计算机和通信设备访问本地区或国外的文献数据库。资源共享可以通过签订合同使用他人数据库，也可以建立自己的数据库供他人使用。

（3）检索方便。随着用户对联机检索系统的熟悉度提高和数据库的发展，联机检索的查准率和查全率不断提高。许多用户发现使用联机检索查找信息比手动查找信息更为方便。目前，许多联机检索系统为增强竞争力，不断加强检索功能并扩大数据库收录信息范围，使用户更加方便地使用。

联机检索的主要特点包括快速、多样和全面的检索功能，实现信息资源共享，以及方便的检索过程。这些特点使联机检索在信息查找中成为不可或缺的工具，广泛应用于科研、教育、产业等领域。

（二）联机检索操作方法

1.明确信息需求和分析检索主题

要明确信息需求，首先需要关注以下三个方面：第一，确定检索目标，如申请专利、了解研究课题的最新动态、查找参考文献等；第二，确定文献的语言、时间范围和类型；第三，确定文献数量和输出内容。

其次，在分析检索主题时，要关注以下几点：确定检索主题涉及的学科范围；了解与该主题相关的文献的历史和现状；分析主题的核心内容，并确定主题概念及其相互关系。这将帮助用户了解如何选择数据库和采用适当的检索策略。

2.数据库选择

在选择数据库时，要了解数据库类型，如 DIALOG 系统中的二次文献数目型数据库、数值型数据库、词典数据库和全文型数据库。用户可以向相关服务单位获取并查阅数据库资料，了解它们涵盖的学科和范围。此外，了解数据库收录的二次文献类型、年限、记录的文种等。在选择数据库时，可以采用主题查找法、从主题范围选择数据库、联机选择数据库等方法。

3.确定检索单元

检索单元是指文献记录中的所有检索标志，如检索词、作者名、机构名称、期刊名等。它是构成检索查询特征标志的最小单位，也是联机检索中进行逻辑组合的最小单位。因此，检索单元的选择是否恰当将直接影响检索效果。联机检索所用的检索词等检索单元通常选自特定的书目式主题词表或检索刊物。

4.填写联机检索提问单

用户根据自己的信息需求填写联机检索提问单。对于不熟悉联机检索的用户，最好与专职检索人员讨论并获得他们的帮助。如果可能，用户应在联机检索过程中现场提供实时反馈。尽管各单位的联机检索提问单各有不同，但基本内容大致相同，包括课题名称、查找资料说明、使用文档编号或名称、检索词、检索策略和输出要求等。

二、信息检索技术原理与方法

（一）信息检索技术原理

信息检索技术是一种通过计算机系统，帮助用户在海量信息资源中寻找与特定需求相关的信息的技术。它在日常生活、学术研究和商业活动中发挥着重要作用。信息检索技术原理主要包括以下几个方面。

1.数据组织和存储

为了实现有效的信息检索，首先需要对数据进行组织和存储。这通常包括创建索引、建立元数据和构建数据库等。索引可以帮助系统快速定位相关信息，元数据为每个资源提供关于内容、格式和来源的描述性信息，而数据库则以结构化的方式存储这些信息。

2.查询和检索模型

信息检索技术涉及多种查询和检索模型，如布尔模型、向量空间模型和概率模型等。布尔模型基于逻辑运算符对检索词进行组合。向量空间模型则将文档和查询表示为向量，计算它们之间的相似性以评价相关性。概率模型则根据查询和文档之间的条件概率来评价相关性。

3.检索策略

在信息检索过程中，需要采用恰当的检索策略以提高检索效果。这包括确定合适的检索词，选择适当的检索模型和优化查询等。确定检索词时，可以参考主题词表、同义词表和相关领域的词汇。选择检索模型时，需要根据检索任务和数据类型来选用最适合的模型。优化查询则涉及使用通配符、模糊匹配和短语查询等技术。

4.评价指标

为了衡量信息检索系统的性能，通常需要采用一些评价指标，如查准率、查全率和 F 值等。查准率指检索到的相关文档占检索结果总数的比例。查全率指检索到的相关文档占所有相关文档的比例，而 F 值则是查准率和查全率的调和平均数，用于综合评价检索效果。

5.信息过滤和推荐

信息检索技术还包括信息过滤和推荐功能，以帮助用户在大量信息中找到最相关的内容。信息过滤通常基于用户的兴趣和需求对检索结果进行筛选，而推荐系统则根据用户的历史行为和偏好，为其推荐可能感兴趣的内容。

6.个性化和上下文感知

为了提高信息检索的效果和用户满意度，许多信息检索系统开始采用个性化和上下文感知技术。个性化指的是根据用户的兴趣、需求和行为历史，为他们提供定制化的检索结果。这可以通过分析用户的搜索历史、浏览记录和社交媒体活动等数据来实现。上下文感知则是指在检索过程中考虑用户的环境、设备和情境等因素，以提供更加精确和适应性的检索结果。例如，在移动设备上进行检索时，系统可以考虑用户的地理位置、移动速度和使用场景等信息。

7.交互式检索

交互式检索是指在信息检索过程中，系统与用户之间存在实时的双向交流。用户可以通过与系统交互来优化查询、调整检索策略和评价检索结果等。这样的交互可以帮助系统更好地理解用户的需求，从而提高检索效果。一些常见的交互式检索功能包括查询建议、结果预览和结果过滤等。

8.多媒体和多语言检索

随着信息资源的多样化和全球化，信息检索技术开始涉及多媒体和多语言的检索。多媒体检索是指在文本、图像、音频和视频等多种媒体类型中进行信息检索。这通常需要采用特定的特征提取、相似性度量和检索模型等技术。多语言检索则涉及在不同语言的文档中进行检索，需要处理词汇、语法和语义等方面的差异。为了实现多语言检索，通常需要采用自然语言处理、机器翻译和跨语言信息检索等技术。

（二）信息检索技术方法

1.权重检索

权重检索是一种信息检索方法，其在检索过程中为每个查询词分配一个表示其重要性的数值（即"权重"）。接着，对包含这些检索词的文献进行加权计算，当加权和达到预设阈值时，将文献作为检索结果输出。权重的大小反映了检出文献的相关程度。通过按照权重值对检索结果进行排序，这种信息检索方法本身就具有推荐功能。

在计算机进行检索词与索引词比较的同时，权重检索会统计权值。然后，按照权值大小对结果进行排序，并使用阈值确定输出结果的下限。对于计算机来说，这些任务相对简单。权重检索与布尔逻辑检索是两种不同的匹配方法，但它们的功能相似。对于需要进行逻辑非操作的词，权重检索可以使用负数权重。

2.截词检索

截词检索是一种检索方法，它通过截断检索词（并添加截词符号）来让计算机与索引词进行部分字符串匹配。截词检索主要有前方一致（右截断）、后方一致（左截断）及中间一致（左右截断）等三种方法。

（1）前方一致。例如检索词"computer"，使用截断符号 *，可以写成"computer*"，则索引词"computer""computers""computerise"和"computerize"等都被视为命中。这种右截断方法在计算机化信息检索中被广泛使用，因为它可以减少编写变化词尾的烦琐工作，有助于提高查全率。然而，在选择截断位置时需要谨慎，以免导致误检率增加。

（2）后方一致。将截断符号放在词根左侧，例如"*computer"，在计算机进行匹配时，索引词 minicomputer 和 microcomputer 都被视为命中。这种左截断检索方法对于某些主题的检索非常有用。

（3）中间一致。在检索词的左右两侧同时截断，例如"*computer*"，则所有包含该词根的索引词，如 minicomputer 和 minicomputers 等都被视为命中。显然，这种左右截断方法在检索广泛主题的资料时，能获得较高的查全率。

截词检索实际上是计算机在检索过程中使用前方一致、后方一致和中间一致匹配方法进行索引词对比。尽管手工检索时也可以采用这种匹配方式，但计算机的效率要高得多。因此，截词检索是利用计算机本身的优势和特殊定位对比判断功能的一种检索匹配方法，也是计算机信息检索出现后产生的一种新的检索方法。

3.通配符检索

在英语中，某些单词具有不同的拼写形式。例如，颜色这个词可以拼写为 Colour 或 Color，硫可以拼写为 Sulfur 或 Sulphur。截词检索无法解决这类问题。为了检索出所有可能的拼写形式，通配符检索方法应运而生。它是通过在拼写有变化的字母位置使用通配符符号，如 Sul*ur"。这样，在计算机进行匹配时，只要两端的字母相同，中间字母不同的单词都会被视为命中，因此 Sulfur 和 Sulphur 都可以被检索到。通配符检索也可以称为插入截词，实际上它是一种前后方一致的匹配方式。

信息检索技术包括权重检索、截词检索和通配符检索等方法。权重检索根据检索词的重要性为文献进行加权计算，从而提高检索结果的质量。截词检索通过对检索词进行截断，简化检索过程并提高查全率。通配符检索解决了不同拼写形式的问题，使得拼写有变化的单词也能被检索到。这些方法共同促进了信息检索技术的发展，提高了检索效率和准确性。

三、信息检索技术检索策略探究

（一）检索策略分析

所谓检索策略，就是在分析用户情报提问实质的基础上，通过正确的选择检索词、科学地运用逻辑算符、制定合理的检索提问式的原则和方法，以提高检索服务的效果。检索策略的优劣，直接影响到相关文献的查全率和查准率。当然，对于一定的情报提问来说，检索效果的优劣取决于许多因素。

1.书目数据库本身的因素

这些因素包括数据库所使用的词汇质量、标引质量、数据更新频率等。数据库的质量直接影响到检索结果的相关性和可靠性。高质量的数据库可以提高检索的查全率和查准率。

2.系统所提供的功能

检索系统的功能对检索效果也有很大影响。功能丰富的检索系统可以为用户提供更多的检索工具和选项，使用户能够更灵活地制定检索策略。此外，友好的用户界面、高效的检索算法等也有助于提高检索效果。

然而，在一定数据库质量和系统功能的前提下，检索策略无疑是一个非常重要的因素。在同一个检索系统中对同一个书目数据库进行同一课题的检索，不同的检索策略会导致不同的检索效果。

（二）检索策略制定步骤

1.分析检索课题

在制定检索策略之前，首先要对检索课题进行深入的主题分析，区分主要概念和次要概念，以便在解决问题时有所重点。同时，要检查是否需要排除某些概念，以确保情报问题的准确表达。对于一些泛指性较强的概念（如方法、研究、作用等），通常不适合选用。在进行主题分析时，消除隐含的概念，可以获得较好的检索效果。

在分析课题时，应根据查全率和查准率的要求来确定合适的检索范围。不同类型的检索课题涉及不同的学科范围，对检出文献的需求也各异。各专业用户根据其所从事的工作性质和研究领域，对查全率和查准率的要求也有所差异。

对于需要研究新课题、撰写评述性文章和学术著作及申报专利的用户，他们通常需要全面、系统地收集某一专题范围内的文献资料，因此对查全率要求较高。此时，应采用多选相关概念、增加上位概念（例如，在查询微型计算机时，必要时可以查询计算机）或下位概念（例如，在查询贵金属时，可以查询具体的金属名称，如金、银、铂等）等方法来扩大检索范围。

此外，通过减少概念组数量、去掉部分限制条件，也可以扩大检索范围，以实现查全效果。对于在研究过程中需要解决某一具体问题或正在进行技术攻关的用户，他们通常只需要某一主题或几个关键数据方面的情报。只要求检索结果能解决他们的实际问题，不一定需要大量文献，因此对查准率要求较高。在这种情况下，应使用专指性较强或增加限制条件的概念来缩小检索范围，以实现查找目的。还可以通过对字段的限定，确保查找的准确性。

对于对查全率和查准率无特殊要求的用户，应根据不同课题制定相应的检索策略。对于文献量较大、属于成熟学科的课题，应优先考虑查准率，从大量相关文献中挑选针对性较强的文献。这样，既可以保证检索质量，又可以节省耗时。对于文献量较少、属于新兴学科的课题，可以适当放宽检索范围，以确保查全率，防止遗漏重要参考文献。

2.检索词的选择

在通过主题分析确定了各概念组之后，接下来需要选择能够准确表达概念的检索词。在选择检索词时，可以采用以下方式。

（1）优先选用主题词表。主题词表是一种经过组织和标准化的词汇表，能够准确地表达主题概念，并具有较高的查准率。主题词表中的参照结构和等级关系可以提供所用主题词的上位词、下位词及相关词等信息，以供参考和选择。这种方式有助于提高查全率，确保选全和选准相关的主题词。

（2）利用同义词和近义词。在某些情况下，一个概念可能有多个表达方式。为了提高检索的查全率和查准率，可以考虑使用同义词和近义词作为检索词。这样可以增加检索覆盖范围，提高检索效果。

（3）结合词根和词缀。词根和词缀可以帮助构建更广泛的检索词，以提高查全率。例如，对于"生物技术"这一概念，可以考虑使用"生物 *"作为检索词，以包含"生物工程""生物制药"等相关概念。

（4）考虑词的形态变化。在选择检索词时，应考虑词的各种形态变化，如名词、动词、形容词等，以确保检索结果的全面性。

（5）结合实际应用场景。在选择检索词时，还应考虑实际应用场景，如用户需求、检索目的等。根据不同的应用场景，可以选择适当的检索词，以提高检索效果。

通过以上方式选择检索词，可以在保证查全率和查准率的同时，提高检索的质量和效率。在实际检索过程中，应根据具体需求和情况灵活运用这些方法，以实现最佳检索效果。

3.编制合理的检索式

从原始文献中挑选自由词是一种有效的方法。这类词通常具有较强的专业特征，如果组合得当，往往能获得良好的检索结果。然而，要确保选取相关的同义词、近义词，有时甚至需要使用反义词（如"环境保护"与"环境污染"）。此外，还需要考虑英美拼写差异、检索词的单复数形式及缩写形式等因素。

在无法满足上述条件时，可以从专业词典、手册和分类表等参考物中选取词汇。但需要避免使用频率较低的词汇，通常不选择动词和形容词，并且不要盲目按照日常习惯来选词。如有必要，可以使用扩展指令，查看检索系统的索引和词表，以便更好地选择检索词。

在检索专利数据库时，可以通过使用分类号来限制专业范围，从而提高查准率。在查找某些文档中的特定化学物质时，使用化学物质登记号能够获得较好的检索效果。

（三）调整检索策略的方法

在机械检索过程中，为了获得最佳检索效果，可能需要多次调整检索策略。调整检索策略的方法主要有以下两种。

1.在线反馈调整方法

在线反馈调整方法灵活且简便，可以根据需要随意扩大或缩小检索范围。检索人员可以采用"人机对话"的方式，在检索过程中观察终端屏幕显示的结果，并根据结果实时调整和修正检索策略，直至获得满意的结果。检索系统具有将已输入的检索词限制在题名和标引词字段查找的功能，这为在线调整提供了更大的灵活性。检索过程中，可以先输入检索词进行全文查找后根据终端显示的结果决定是否需要进一步缩小检索范围，以获得更准确的结果。

2.离线反馈检索方法

在某些情况下，由于各种原因，检索效果未达预期，或者发现新的检索线索时，需要再次进行反馈检索。离线反馈检索是通过对检索结果的分析和研究，发现存在的问题或补充新的检索内容，制定新的检索方案后使用修改后的检索式进行再次检索的过程。

第二节　信息化教学管理技能

一、信息化教学的资源管理

（一）信息化教学资源的特性

人们对教学资源的基本观念，即教学资源观，对信息化教学资源的开发和利用具有重要影响。它制约着课程实施和学生发展，对信息化教学资源的开发和应用具有指导、维护和监督作用，成为有效利用信息化教学资源的关键因素。

资源是一个较为宽泛的概念。在教学活动中，教学资源作为一个抽象名词具有以下几个方面的含义：首先，教学资源作为教学内容的载体而存在，多媒体作为传递信息的工具，连接了教学过程中的教与学，发挥了桥梁和纽带作用。其次，教学资源作为媒体中的教学信息而存在，使教学得以持续进行，让教师和学生能够通过资源内容共同成长。最后，教学资源作为教学活动的环境和条件而存在。

信息化教学资源是指在信息技术环境下，各类数字化素材、课件、教学材料、网站及认知、交流和情感激励工具等资源。不同的教学资源具有各自独特的功能特点。

1. 教学媒体特性

媒体可以通过将事物放大、减慢、拉近、静止等方式来提高人们的感知能力。媒体的延伸打破了人类感知刺激的习惯，促使感官平衡发生变化。例如，电影通过蒙太奇镜头组接手法，将不连贯的镜头组合成一部完整的影片，通过画面明暗、色彩变化、音乐变化来影响观众的视觉和听觉。在教学活动中所采用的媒体被称为教学媒体，它是传播知识、技能和情感过程中，储存和传递教学信息的载体和工具。总的来说，教学媒体除了具备一般媒体的共同特性，还有以下特点。

（1）表现性。表现性，也称为表现力，是指教学媒体展现事物空间、时间和运动特征的能力。空间特征包括形状、大小、距离、方位等；时间特征包括事物出现的顺序、持续时间、频率、节奏等；运动特征包括运动形式、空间位移、形状变化等。

（2）重现性。重现性，也称为重现力，是指教学媒体能够在不受时间、空间限制的情况下，将储存的信息内容重新展现出来的能力。

（3）接触性。接触性，也称为接触面，是指教学媒体将信息同时传递给学生的范围大小。

（4）参与性。参与性是指教学媒体在发挥作用时，学生参与活动的机会。例如，模型、录音、录像、计算机等媒体提供学生自己动手操作的可能，使学生可以随时中断使用并进行提问、思考、讨论等其他学习活动；电影、电视、无线电广播、多媒体计算机等媒体具有较强的感染力，能够激发学生的情感反应，容易诱发学生在情感上的参与。

（5）受控性。受控性是指教学媒体接受使用者操纵的难易程度。不同媒体的受控性可能会有所差异，影响使用者在教学过程中对其进行调整和控制的能力。

2.信息化教学资源的特性

（1）非线性组织。传统教学信息的组织结构是线性和有序的，而人的思维和记忆呈现网状结构，可以通过联想在不同路径间自由选择。多媒体技术具有综合处理各种多媒体信息的能力和交互特性，为教学信息组织的非线性化创造了条件，有利于培养创新能力和自由联想能力。

（2）数字化处理和存储。多媒体计算机的数字转换和压缩技术可以实时处理和存储图、文、声、像等各种教学信息，便于学习，增加信息容量，并提高信息处理和存储的可靠性。

（3）网络化传输。网络技术的发展和普及，特别是各级教育网络的建立，改变了教学信息传递的形式、速度、距离和范围，为网络教育、远程教育和虚拟实验室等新教育形式的产生和发展奠定了基础。

（4）智能化教育过程。多媒体计算机教育系统具有模拟教学过程的智能功能。学生可以通过人机对话自主进行学习、复习、模拟实验和自我测试等，并通过实时反馈实现交互，从而为探究式学习创造条件。

（5）系列化资源。随着教学信息化程度的提高和现代教育环境系统工程的建立，现代教材体系逐步走向成套化、系列化和多媒体化。这使得人们能够根据不同的条件、目的和阶段，自主有效地选用相应的学习资源，为教育的社会化和终身化提供保障。

（二）信息化教学资源的重要原则

在信息时代背景下，教育工作者与学生均可获得大量多样化且具有个性化的教学资源。这些资源的主要类型包括：多媒体素材（如文本、图像、音频、视频及动画）、试题库、试卷、课件及网络课件、案例分析、学术文献、常见问题解答、资源目录索引及在线课程。除此之外，根据实际需求，还可获取其他类别的资源，如电子图书、教学软件和影视作品等。无论资源的来源，教育工作者和学生都需要对这些个人教学资源进行高效的管理与利用，以最大限度地提升教学成果。

管理是组织的管理者在特定的环境中，应用一定的方法和原理，引导组织中的被管理者有序地行动，从而使有限的资源得到合理的配置并发挥作用，以达到预期的目标。教学资源管理中的四大原则如图 3-3 所示。

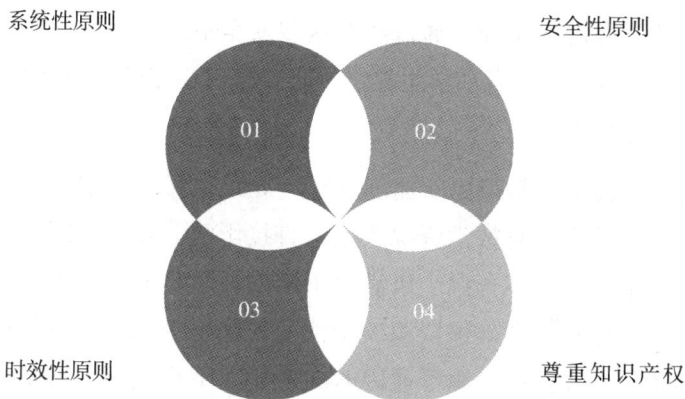

系统性原则　　　　　　　　　　　　　　　安全性原则

01　　02

03　　04

时效性原则　　　　　　　　　　　　　　　尊重知识产权

图 3-3　教学资源管理中的四大原则

1.系统性原则

众多的教学资源需要进行系统化的管理和分类，这是教学资源管理的关键方法。针对各种资源的分类管理，可以采取以下措施。

（1）对于非电子资源，可以使用标签或其他标识方式进行分类。

（2）对于电子资源，应注意设置合理的硬盘目录结构，使资源管理器在进行目录浏览时内容清晰易懂。

通过分类管理，教师可以快速检索所需的资源。需要注意的是，分类依据没有统一标准，可以根据实际情况进行确定。不同的系统及不同的人之间可能有不同的分类标准。例如：对于专门的资源管理系统，可以根据学段、学科以及媒体类型对资源进行分类存储；对于专题性资源，可以结合专题中的问题，根据具体要求和专题开展的进程进行分类。

通过实施这些分类方法，教育工作者和学生可以更高效地利用教学资源，提高教学质量。同时，这种系统化管理有助于节省时间和精力，让教育工作者和学生将更多精力投入教学和学习过程中。

2.安全性原则

除了考虑教学资源管理的系统性，教学资源的安全性也是至关重要的一环。教学资源的获取通常面临诸多挑战，部分资源难以获得，而且有些资源在丢失或受损后无法恢复。因此，在教学资源管理过程中，需要特别关注资源的安全性。通过实施这些安全措施，可以确保教学资源的安全性，为教育工作者和学生提供一个安全、稳定的学习环境。

3.时效性原则

在信息社会中，知识更新速度迅猛，导致教材编写很难与知识更新保持同步。这种现象对教学资源产生了直接影响。随着时间的推移，教师逐渐积累了各种教学资源，以满足不同的教学目的。除了对这些教学资源进行系统化管理和确保资源安全性，教师还必须关注教学资源的时效性。例如，有些教学资源可能因时间变化而不再适用，需要更新或替换。另外，原有的教学资源分类体系可能无法满足当前实践需求，因而需要调整。

为应对这些挑战，教师应定期对教学资源进行审查与整理，判断哪些资源需要修改或删除，或者对资源进行重新分类。教师在运用信息化教学资源时，应结合教学需求，根据教学目标、学生实际情况以及教学环境，合理选择和实施相应的资源。

4.尊重知识产权原则

当前，知识产权问题已成为全球关注的议题，特别是网络资源领域的知识产权问题日益凸显。在获取和使用教学资源的过程中，教育工作者需格外注重尊重原创者的知识产权。避免未经授权的修改、复制或传播他人的资源，尤其是禁止将其用于商业目的，否则可能需要承担法律责任。要坚决抵制剽窃他人资源的创意形式和具体内容的行为，这不仅侵犯了他人的知识产权，而且涉及道德和人格问题。通过学习知识产权法规，教育工作者能够更加负责任地使用教学资源，为学生提供高质量的教育。

（三）信息化教学资源管理的内容

信息化教学资源主要可以分为硬件资源和软件资源两种，这里主要探索的是软件资源的管理。笔者将按照软件资源管理的数字化、数字化软件资源管理的格式转换、数字化软件资源的管理模式、信息化教学资源的管理平台的顺序进行详细阐述。

1.软件资源管理的数字化

随着教育信息化的推进，软件资源管理的数字化变得愈发重要。传统的印刷类和音像类资源需要进行数字化改造，以满足现代教育的需求。下面主要分析印刷类资源和音像类资源的数字化转换方法。

（1）印刷类资源的数字化。印刷类资源的数字化主要包括手工录入、高速扫描和数码拍照三种方式。

①手工录入。虽然手工录入精度高且使用方便，但效率低、耗时长且成本高，因此仅适用于特殊的印刷资源。

②高速扫描。分为两个层次，第一个层次是将图书资料扫描成图片形式，速度快且成本低，适用于一般阅读需求。第二个层次则是采用OCR技术进行文本识别和转换，适用于大规模文献资料处理。这是目前最主要的数字化途径。

③数码拍照。主要用于古籍、字画等数字化转换，作为其他方法的补充。

（2）音像资源的数字化。音像资源的数字化包括模拟音像资料的数字化转换和对数字化音像资料进行格式转换两个方面。

①模数转换。将磁带、磁盘上的模拟信号转换为数字信号。分为音频资料转换和音像资料转换。音频资料转换通过声卡将模拟声音信号转换为数字音频信号。音像资料转换则借助计算机、视频采集卡和捕捉工具软件将模拟视频信号转换为数字信号。

②文件格式的转换。对编辑、处理后的数字化资源进行格式转换，以满足教育、教学的需要。编辑处理可以使用非线性编辑软件对存储在硬盘中的视频、图像、音频等数据进行编辑，并生成特定格式的文件。

随着教育信息化的发展，软件资源管理的数字化已成为教育领域的重要工作。通过对印刷类和音像类资源的数字化改造，可以提高教学资源的利用率和传播效率，从而促进教育事业的发展。不同类型的资源需采用不同的数字化方法，以达到最佳的转换效果。

2. 数字化软件资源管理的格式转换

数字化软件资源管理在现代教育中起着越来越重要的作用。在资源管理过程中，为满足不同的需求，经常需要对文件格式进行转换。文件格式转换可以降低存储空间占用率、增加文件兼容性及满足用户其他需求。下面将探讨数字化软件资源管理中的格式转换及相关软件工具。

不同格式的数字化软件资源占用的空间不同，有时需要将某一格式转换为另一格式以减少存储空间的占用率，减小文件体积。

部分工具对视频格式的支持有限，需要将不常用或不支持的格式转换为常用格式，提高兼容性，以满足用户需求。

如需将视频、音频资料发布到网上供用户点播，最好转换为流媒体格式，适应网络传输，以利于网络传输和播放。

3. 数字化软件资源的管理模式

随着信息技术的发展，数字化软件资源在教育中的应用日益丰富。如何有效地管理这些分散、无序的资源，实现共享并方便用户高效、快捷地利用这些资源进行工作与学习，已成为教育技术管理的重要内容。本文将对数字化软件资源的管理模式进行阐述。

（1）管理模式。

①目录管理模式将不同资源存储在服务器上不同的目录中，通过操作系统的目录共享功能进行管理。优点是直观、简单，远程访问速度快；缺点是安全性较差，易受病毒侵蚀，缺少便捷的检索工具。

②教学资源库模式将数字化资源存储在数据库中，如网络教育资源

库、素材库、E-Learning 资源库等。优点是安全性好，抗病毒能力强，有利于资源查找、修改、添加，易于备份；缺点是对数据库性能要求较高，对网络带宽要求较高。

③专题网站模式是将某个专题（主题）的所有资源放在一起进行管理，如太空知识专题网站、工具软件类资源网站等。

④教学资源管理中心模式在教学资源库基础上，通过各种软件功能的支持完成对底层资源库的各种操作（添加、检索、删除等），实现对教学资源在应用层上进行科学的组织和管理。

（2）技术管理。资源的存储就是将教学资源信息分为结构化数据（数字、符号等）和非结构化数据（文本、图像、音频、视频、网页等）。数字化教学资源大多数属于非结构化数据。采用元数据存储方法，实现标准化的存储，便于检索。

可以说有效检索是资源管理的核心和关键环节。检索技术的发展使得检索形式越来越多。按照检索方式的不同，检索系统可分为目录型检索、关键词型检索、元搜索三大类。

4.信息化教学资源的管理平台

信息化教学资源的管理平台可以实现教学过程中各种要素和活动的有效管理，提高教育质量和教学效果。

计算机管理教学（Computer Managed Instruction，简称 CMI）产生于 20 世纪 70 年代，与个性化教学和行为目标在教学过程中的运用密切相关。CMI 分为广义和狭义两类。

广义的 CMI 指利用计算机（包括计算机网络）处理有关学校教学的管理活动，如教学组织管理、教学计划管理、教学质量管理、教育科研工作管理、教学常规管理、教务行政管理等。狭义的 CMI 指教师在教学过程中利用计算机（包括计算机网络）对教学过程中的要素及其活动进行管理，如了解学生学习目标、诊断学生学习进度、指导与指定学生适当的作业与练习、评价与比较学生的学习成效、学生学习数据的收集与报告等。

CMI 系统由通用计算机系统（包括硬件和系统软件）配以教学管理专用软件构成，通常狭义的 CMI 系统具有以下四种功能。

（1）收集、记录、处理教学活动的信息。对学生学习情况、教学过程中的互动以及教师的教学表现等进行数据收集和分析，为教学管理提供依据。

（2）建立与维护教学资源库。包括教学目标库、教材库、教师资源库、学生资源库和试题库等，以满足不同教学需求，实现资源的高效利用和共享。

（3）对学生的个别学习进程进行自动监督与控制。根据学生的个人特点，分配适当的学习任务，提供诊断性测验，进行学习咨询等，以实现个别化教学和适应性教学。

（4）根据教学目标要求，对教学资源的配备情况进行调度安排。确保教学活动过程始终处于较好的状态，提高教学质量和效果。

二、信息化教学过程管理

信息化教学过程是在信息化时代背景下，教育者和学习者利用现代教育技术进行教育信息传递、接收和交流的过程。信息化教学过程管理则是运用计算机和网络技术对教学过程中的各种要素和活动进行有效管理，以提高教学质量和效果。在信息化教学过程管理中，教育者需要关注教学内容设计、教学方法选择、教学资源利用、教学活动组织与实施、学生学习过程监控与支持及教学评价与反馈等方面，为学生提供个性化和针对性的教学支持，培养学生的创新能力和综合素质。教师需要借助信息化教学来引导学生，通过认识教学内容来认识客观世界，进而发展自身能力。

信息化教学过程管理主要包括以下两层含义：第一，信息化教学过程是管理的对象，包括教学内容的设计、教学活动的组织、教学资源的利用、教学方法的选择、教学评价的实施等方面。第二，信息技术在管理中的运用，利用计算机和网络技术对教学过程中的各种要素和活动进行有效管理。这包括教学计划管理、教学进度控制、学生学习过程监控、教学资源调度、学生成绩分析等。

（一）信息化教学过程管理的特点

信息化教学过程管理具有教学材料数字化、教学环境多媒体化、教学信息传递网络化、教学对象多层次化、教学方法系统化和教学评价多元化等特点。

1.教学材料数字化

借助多媒体和超媒体技术，教学材料实现了数字化，将传统的纸质教材转变为包含文字、图形、动画、录像等多种形式的多媒体教材。这种教材不仅能激发学生的学习兴趣，还可以随时将最新的研究成果、技术和方法融入教学内容中，进而体现教材的先进性。

2.教学环境多媒体化

信息化教学环境融合了现代教育理论和信息技术，包含了硬件环境、软件环境、时空环境、文化心理环境等多种因素。借助投影仪、视频展示台、电子白板、计算机和网络等多种教学媒体，教学环境实现了多媒体化。

3.教学信息传递网络化

随着网络技术的发展，教学信息传递逐渐实现网络化。教育者和学习者可以通过网络进行信息交流和沟通，有效传递教学信息，完成教学任务。

4.教学对象多层次化

现代教学对象已从中小学生扩展到成人。在多样化的教学环境中，人们可以选择合适的教学媒体和内容进行学习，体现出教学对象的多层次化特点。

5.教学方法系统化

信息化教育强调学生主动获取、处理和运用知识，将信息技术作为自主学习和探索的工具。现代教学过程关注系统性，将教学中的多种因素综合考虑，从系统观点出发进行教学方法的最优选择和安排，以达到最佳教学效果。

6.教学评价多元化

现代教学评价重视信息技术在评价过程中的应用，包括评价指标、评价方法、评价主体和评价功能等方面的多元化应用趋势。例如，电子学档可以反映学生在整个学习过程中的各方面表现，提供固定的反馈源泉。

（二）信息化教学过程管理的原则

信息化教学过程管理应遵循规范性原则、信息化原则、个性化原则和连续性原则，以确保教育和教学过程的高效、科学和有序进行。

1.规范性原则

规范性管理是保证教育和教学过程顺利开展的基础。因此，信息化教学过程管理应按照先进的管理理念、完善的管理制度和科学的管理方法对教育和教学全过程实行规范管理，以达到科学、规范、有序和高效的目的。

2.信息化原则

教育信息化对教育和教学产生了前所未有的影响。在信息化教学过程管理中，必须运用信息管理技术，全面更新教学管理手段，加大教学过程管理信息化的建设力度，建立信息化管理模式，实现教学过程管理的科学化和信息化，提高教学过程管理的效率和水平。

3.个性化原则

现代教学过程重视学生的个性及个性的培养。因此，根据学生的不同特点进行因材施教的教学，进行个别化、个性化、针对性的管理是当前教学和管理的基本原则。

4.连续性原则

教学是一个连续的过程，因此学生的发展也无法一蹴而就。信息化教学过程管理要依据教学过程和学生身心发展的规律，遵循教学过程的阶段，对教学过程进行连续的、不间断的管理。

规范性原则保证了管理的基础，信息化原则利用现代技术提高管理效率和水平，个性化原则关注学生的差异化需求以提高教学质量，连续性原则确保了教学过程的整体性和连贯性。在遵循这些原则的前提下，信息化教学过程管理能够更好地满足现代教育的需求，为学生的发展提供有力支持。

（三）信息化教学过程管理的内容

信息化教学过程管理是指在现代教育理念和技术手段的支持下，对教学活动进行系统化、科学化、有序化管理的过程。根据上述资料，我们可以从以下几个方面详细阐述信息化教学过程管理的内容。

1.备课管理

备课是教学活动的基础和前提。在信息化教学过程管理中，教师可利用计算机和网络技术收集与教育教学相关的资料，进而设计美观、清晰地教案，了解教育对象的年龄特征，从而提高备课效率和质量。

2.课堂教学管理

课堂教学是教学过程中最关键的环节。信息化教学过程管理利用计算机和网络技术，有利于师生之间一对一或一对多的交流，方便教师记录学生在学习过程中的表现，同时便于教师及时调整课堂教学进程。

3.作业布置与批改管理

作业是课堂教学的延伸和补充。信息化教学过程管理通过计算机和网络技术，便于作业的发布、提交、展示和评比，同时方便教师对作业的批改。

4.课后辅导管理

课后辅导是教学过程的重要组成部分。利用计算机和网络技术开展课后辅导，可以方便师生之间随时随地进行交流，帮助教师解答学生的疑问。

5.考试与评价管理

考试与评价是教学过程中不可或缺的环节。信息化教学过程管理可以便捷地进行过程性评价和终结性评价，统计和分析学生成绩，以及创建和修改试题或试题库。

信息化教学过程管理涉及备课管理、课堂教学管理、作业布置与批改管理、课后辅导管理、考试与评价管理等多个方面。在现代教育技术的支持下，信息化教学过程管理有助于提高教学质量和效率，为培养高素质的人才提供有力支持。

三、信息化教学的项目管理

（一）项目管理的特性

项目管理是一种应对复杂任务和需求的有效方法，通过对资源、时间和范围的合理控制，实现项目目标的达成。项目管理具有对象的具体性、目标的明确性、组织机构的临时性、过程的整体性和管理手段的先进性等特点。

1.对象的具体性

项目管理侧重对特定项目的管理，具有明确的、具体的管理对象。每个项目都有其特定的目标、时间表、预算和资源约束，项目经理需要针对这些具体条件制定相应的策略和方案。

2.目标的明确性

项目管理的目标是在有限的资源范围内满足特定的需求。衡量项目成功的标准包括是否按时、高质、低耗地完成项目任务。项目经理需要确保项目的目标清晰明确，以便合理分配资源并实现预期成果。

3.组织机构的临时性

项目的实施需要建立一定的组织结构。项目开始时组建团队，项目结束时解散团队，这体现了项目组织结构的临时性。项目经理需要在项目实施过程中不断调整团队成员和角色，以适应项目不断变化的需求。

4.过程的整体性

项目管理采用系统的思维和整体的观念，对项目的各个方面和全过程进行分析、规划。项目经理需要统筹考虑各项活动的进程，协调影响项目进程的各种关系，确保项目的所有活动相互配合，协调一致地完成项目任务。

5.管理手段的先进性

项目管理涉及项目相关的各个方面，非常复杂和烦琐。仅依靠人工手段进行管理可能会导致效率低下和结果不佳。因此，项目管理非常注重运用先进的技术手段，特别是现代信息技术，以提高管理效率和质量。

（二）教育技术项目管理

教育技术项目管理是运用项目管理的理论与方法对教育技术领域的项目进行计划、组织、指挥、控制和协调，实现项目高效完成的管理过程。教育技术项目可按照教育技术范畴及项目内容分类，包括与设计、开发、管理、评价、教学、科研和后勤有关的项目。

以网络资源开发项目为例，教育技术项目管理的功能主要包括启动、规划、实施、监控、验收和维护等阶段。

1.启动阶段

进行项目需求分析并撰写可行性报告，评价项目的必要性和可行性。

2.规划阶段

确保实施前进行总体策划和各项准备工作。组建项目团队，包括项目管理委员会、项目管理小组、项目评审小组和项目开发小组。制定技术方案、开发计划及风险预测和解决办法。

3.实施阶段

按照项目管理计划完成各项任务，如网络资源库系统的详细设计、数据组织、算法描述、接口和界面设计等编程和调试工作。严格按照计划开展，并根据情况做出适当调整。

4.监控阶段

贯穿项目管理全过程，主要包括计划监控、质量监控和管理监控等。通过监控及时发现问题、变更需要、调整方案，调控项目进程，避免或减少损失。

5.验收阶段

确认项目结果是否达到预期要求，实现项目移交和清算。主要包括质量验收和资料归档。

6.维护阶段

对于网络资源库而言，后期维护是开发人员的重要工作，包括人员培训、纠错和完善等内容。

教育技术项目管理在实践中发挥着关键作用，通过对项目的系统化管理，确保项目的顺利进行并实现预期目标。在网络资源开发项目中，项目管理需要在各个阶段进行有效的沟通、协调和决策，以保证项目的高效完成。

第三节　信息化教学与资源统筹技能

一、信息化教学技能

（一）信息化教学设计的简述

信息化教学设计是一种教育创新模式，其核心目标在于促进素质教育模式的转变，将传统以教为中心的教学方式转变为以学为中心的学习方式。为了实现这一目标，信息化教学设计充分利用信息技术和信息资源，经过科学的计算和合理安排，将教学各个环节融合在一起。这种教学方式不仅有利于提高学生的学习条件，而且能够通过现代网络技术提高学生的学习质量。

在具体实施过程中，信息化教学设计能够发挥巨大的作用，促进师生之间的思维碰撞与交流，从而提高教学质量。此外，这种设计方法还有助于教师实现信息化教学目标，通过优化信息技术和资源，提升教学过程中对学生信息素养和创新精神的培养力度。

值得注意的是，信息化教学设计并不是一种单线行使的方法，而是一个完整的方法论。它要求教师在教学计划划分、实施过程及教学设计的评价与反馈等方面做好准备。教学设计不仅仅是设计计划，更需要在实施过程中进行调整，以便在实际教学中达到预期效果。

信息化教学设计具有很高的灵活性和多样性，它并不像传统教学设计那样受限于固定模式。在国家课程标准的基础上，教师可以根据不同情境进行多样化的设计。这样的教学设计既能激发学生的学习兴趣，又能从多个方面培养学生的信息素养和创新实践能力。

（二）信息化教学设计的原则

信息化教学设计是教育领域中一种充分利用现代信息技术的教学方法。它以提高学习者在多样化环境中积极构建知识为基本目标，通过对多种实践模式的研究，为教育设计提供了一套基本原则。以下四点是信息化教学设计的基本原则。

1.提供多样化的学习情境

信息化教育设计关注学生的自主学习能力和参与热情。教师可以利用现代信息科学技术创建多样化的学习情境，从大数据中获取多种信息，以促进针对性的教学方案设计。这种教学方式能够提高教师的教学设计能力，提升教学方案的多样化和情境学习的可行度，从而使学生的学习与社会文化背景相结合，有利于构建个人知识体系。

2.充分利用丰富的学习资源

现代信息技术和互联网的发展为学生提供了丰富多彩的学习资源。教师需要充分利用这些资源，并引导学生合理利用学习资源，以便实现有效的教学。在这一背景下，信息化的学习资源成为教学中不可或缺的一部分。

3. 尊重和提升学生的自主学习能力

信息技术的推进使学生在学习过程中具有更强的自主性，能够主动选择学习内容和方式。教师在教学过程中应尊重学生的自主选择和主动学习，扮演促进者和引导者的角色，对学生的学习过程进行评价监控，帮助学生习得相关的学习策略与技能。这种互动方式有助于营造活泼的学习氛围，发现和提高学生的自主学习能力。

4. 开放性的教学设计

信息化教学设计具有很高的开放性，多样化的学习方式和资源为学生提供了更多选择。教师可以通过现代信息技术采用多样化的教学方式，如网络录播课程和线上直播课等。同时，现代信息技术为师生交流提供了更多便利，行业专家可以通过网络传播知识，为学生提供学习指导和帮助。

（三）信息化教学设计的过程

随着科技的不断发展，教育领域也逐渐向信息化转型。信息化教学设计成为教育行业的重要组成部分，它不仅提高了教学质量，还激发了学生的学习兴趣。

1. 信息化教学设计的基本步骤

（1）拆分单元学习目标。在教学设计之前，需要将教学目标进行单元化拆分，以便规划教学步骤并为不同时期制定不同的教学目标。

（2）合理设置教学任务和教学问题。教师需要根据任务驱动的原则，为不同的教学问题收集针对性的材料，并设计真实性任务，同时鼓励学生进行课前资料收集与主题探索。

（3）整合与设计教学资源。教师需要运用现有的信息技术，整合各种教学资源，包括实体教材、教学媒体文件等，以满足学生的学习需求。

（4）具体设计教学过程。教师应根据学生的需求和特点，运用多样化的教学方法和策略，进行有针对性的教学设计。

（5）学生学习范围划分与成果展现。教师需要引导学生自主学习，鼓励他们在不同情境下运用所学知识解决问题，并运用信息技术展示学习成果。

（6）反馈与评价。在教学设计过程中，教师需要及时收集教学方案的评价与反馈，根据学生的反馈调整教学方案，以提高教学质量。

（7）阶段性学习方案设计和评价修改。教师需要定期审查和修改学习方案，以确保其适应学生的学习需求和教育目标。

在进行信息化教学设计时，教师应明确学习过程中涉及的知识理念与原理，合理选择和整合主题，并以此为学习内容的主要指导。教师应尽可能地考虑到各种情景在实际生活中发生的可能性，利用靠近实际的情境激发学生的求知欲与探索欲。情景设计可分为问题情景和应用情景。

教师需要为学生提供多样化的学习资源，如实体教材、教学媒体文件等。教师应引导学生有效利用教学资源，并提供教学资源获取渠道的信息。教师需要针对不同学生进行有针对性的教学设计，包括激发学生的创新精神、学以致用及建立反馈机制。

信息化教学设计是教育行业的一种重要发展趋势，它能够提高教学质量，激发学生的学习兴趣。教师在进行信息化教学设计时，需遵循一定的步骤，并把握设计要点，以确保教学目标的实现。随着信息技术的不断发展和普及，信息化教学设计将在教育领域发挥越来越重要的作用。

二、信息化教学资源设计技能

在信息化教学中，信息化教学资源是至关重要的组成部分，为信息化教学提供了基本保障。信息化教学资源设计则是信息化教学设计过程中不可或缺的环节。通过特定的方法，对信息化教学资源进行整合、加工与处理，以满足教师的教学需求和学生的学习需求。

在信息化环境下，学生主要依赖信息化教学资源来进行学习。为了充分利用信息化教学改进学生的学习方式并提高他们的信息素养，教师需要根据学生学习过程的特点、学习内容及学生对资源的需求来规划和设计信息化教学资源。

这样的规划和设计将有助于为学生提供更为丰富和多样化的学习资源，使他们能够更好地适应信息化环境下的学习要求。

（一）信息化教学资源的要求

在教学设计中，教学资源的设计是一个重要部分，它需要教师对信息技术的实现能力有良好的理解，同时也需要综合把握和理解教学目的、学生特征和知识特征。以下是信息化教学资源设计的主要依据：

1.教学资源设计的教学目的

根据教学目的，信息化教学资源设计应考虑不同知识类型、技能教学和情感教学的需求。这包括选择具有不同功能特点的资源形式，设计具有可操作性和促进反思机制的资源，以及设计情境型教学资源。

2.教学资源设计的学生特征

考虑到学生特征，信息化教学资源设计需要根据知识的难易程度来进行。这包括为接受程度不同的学生提供适当的知识跨度和复习措施，以及根据学生的感知觉偏好设计以文字、声音、图像或动作为主要表现形式的资源。

3.教育资源设计的知识特征

根据教学目标和教育理念，教育资源设计需要考虑五大类知识：事实、概念原理、态度、价值和方法（思维、技能）。针对不同类型的知识，教育资源设计需要采用相应的方法和技巧。教育资源设计的知识特征如表3-1所示。

表3-1　教育资源设计的知识特征

知识类型	相应的方法和技巧
事实类知识	设计能够再现事物原貌的资源，建立对事物的描述和事物原貌之间的联系，赋予学生针对事物的原貌进行描述的机会。
概念原理类知识	设计能够展现特征、规律不变特性的资源，如模拟、交互教学软件，为学生提供观察变化与规律的情景。

续　表

知识类型	相应的方法和技巧
态度类知识	设计适当场景下的点评资源，如录像片、电影等，引起学生兴趣并达到良好的教学效果。
价值类知识	建立主题型网站，对事物的功能和意义做全面阐释，提供丰富的现实生活中应用的案例和方法，拓宽学生视野并增加学习兴趣。
方法类知识	设计展现方法实施过程的资源，为学生提供链接、提示、提问或交互机制，帮助学生内化各种方法。

信息化教学资源设计需要结合教学目的、学生特征。在教学资源的设计过程中，应该始终关注信息化技术的实现水平，并综合教学目的、学生特征和知识特征等因素进行合适的改进。

当然，信息化教学资源的设计要求不仅仅局限于以上所述。随着教育技术的不断发展，设计过程中还需要关注新技术的应用，如虚拟现实、人工智能等。同时，要关注学生个体差异，充分利用信息化教学资源的优势，为不同类型的学生提供定制化的学习体验。

（二）信息化教学资源设计的原则

1.学习过程导向

现代教育理念强调关注学生的学习过程，而非仅仅关注教师的教学行为。因此，在设计信息化教学资源时，应以满足学生的学习需求为出发点，确保学生在教师适当的指导下能自由选择和使用资源。这样的资源设计有助于提升学生的信息素养，从而使他们能够在信息化时代更好地应对各种挑战。

2.多种形式的有机结合

为了实现知识的多种表征，设计师应充分利用各种形式的信息化教学资源。随着科技和媒体技术的发展，教学资源可以通过文本、声音、图像、三维模型等多种形式呈现。这种多元化的资源形式有助于学生在不同情境下解决问题和获取新知识，同时也为教师提供了更丰富的教学选择。

3.注重整体学习环境的创设

根据建构主义学习环境理论，资源是学习环境的重要组成部分。信息化教学资源设计的目标应该是创设科学的学习环境，将现实、网络和心理要素融合在一起，构建一个有目的、有意义的学习空间。这样的学习环境能够促进学习平台与学习资源的协调和融合，为学生提供丰富的学习资源，帮助他们更好地完成知识意义上的建构。

信息化教学资源设计应遵循学习过程导向、多种形式的有机结合和注重整体学习环境创设等原则。在设计过程中，教师要充分发挥信息化技术的优势，关注新技术的应用，并充分考虑学生的个体差异。这将有助于提高教学资源的使用效果，为学生提供更为优质的教育体验。

（三）信息化教学资源设计的趋势

信息化教学资源应具有真实性和可靠性，以便引发学生的学习兴趣。设计者应努力为学生提供真实的学习环境，使他们能够更好地理解和掌握知识。

教学资源设计应考虑到学生的学习风格，实现资源供应量的"宽带化"和服务推送量的"窄带化"。这将有助于为不同学习风格的学生提供更加个性化的学习体验。

通过模块化的设计方法，可以实现教育资源的单元构建式开发，便于资源的重用和个性化组合。这种方式将有助于提高教学资源的开发效率和使用效果设计者应提供多版本和多路径的学习资源，以实现资源和学习路径的可选择性和可定制化。这将有助于满足不同学生的学习需求，提高教学资源的使用效果。

信息化教学资源应具有立体化、交互化和开放化的特点，便于学生交流反馈。同时，设计者应收集教师和学生的建议，进行指导和经验总结，以不断优化资源设计。为了让学生更好地使用教学资源，设计者应提供详尽易用的帮助和操作导向。这将有助于学生更快地掌握资源的使用方法，提高学习效率。信息化教学资源应实现标准化的归档、管理和检索，以便于学生快速获取和使用资源。这将有助于提高教学资源的使用效果。

未来的信息化教学资源设计将在互联、共建、共享的机制下进行。这些资源应与现实环境紧密相连，可被管理和监控，具有动态的开放结构。同时，设计者应关注资源的自生成和自组织能力，以实现资源的持续优化。

第四节　信息化教学评价技能

一、教学评价的内涵

为了掌握教学评价，首先要明确"评价"这个词的含义。美国教育家泰勒是第一个提出"评价"概念的人。关于评价的定义，各个专家的观点不尽相同。不过，自从评价这一概念被提出以来，学者就开始区分评价和测试之间的差别。在众多学者看来，评价是人类认知活动中的一个特殊组成部分，可以揭示世界观的价值，并对其进行创新和建设。

将评价的理念应用到教学领域，便形成了教学评价。关于教学评价，不同学者的观点各有千秋，但总体而言，可概括为以下四种看法。

（1）教学评价是一种系统性的信息搜集过程，旨在协助用户恰当地选择适宜的教学方式。这个观点的优点在于强调了教学评价在决策方面的重要作用，但同时也可能导致人们误以为教学评价与教学研究是相同的概念。实际上，它们之间有显著的区别，主要体现在研究目的和价值导向上。从研究目的来看，教学研究关注结论的获得，而教学评价则关注实践的指导；从价值导向来看，教学研究旨在探寻真实知识，而教学评价追求实用价值。

（2）教学评价是将实际成果与理想目标进行对比的过程。把教学评价当作一种现实成果与期望目标进行比较的过程，强调了评价内容和方法在实际与预期之间的比较，具有一定的合理性。然而，这一观点过分关注教学成果的评价，而忽视了教学过程的重要性。因此，这种评价观念相对宽泛，使评价者难以明确评价内容的优先次序，因而是有待商榷的教学评价观点。

（3）教学评价相当于专业性的判断。将教学评价视为专业判断的观点考虑到评价者主观性的影响，认为教学评价的目的在于区分优劣。然而，这一观点也存在一定的偏颇，因为教学评价不仅关注优劣的判断，还努力寻找影响教学实践开展的各种要素，以便为教学实践提供指导。

（4）教学评价等同于教学测试。这种观点源于当前学者在教学测试辅助下形成的认识。然而，教学评价与教学测试在本质上有所区别，因此将它们视为相同是错误和片面的。这主要有两个方面的原因。

教学测试主要关注数量统计，强调量化，而对于某些无法进行数量统计的教学事实，如学习者的情感态度等因素，就无法称之为教学测试。这与教学评价的定义相矛盾，因为教学评价不仅关注数量分析，还涉及对事物本质的探究。

教学测试主要关注对教学现状的描述，以期获得有意义的信息，而教学评价则强调对教学情境的解释和评价。这两种观点都有一定的合理性，但也存在不足之处。为了更准确地界定教学评价，笔者从这些观点中筛选出了一些合理的看法，重新对教学评价这一概念进行了定义。笔者认为，教学评价是一个以教学为核心对象的过程，是从教学规律、目的和原则出发，利用有效的技术和工具来对教学对象和目标进行价值评价的一个过程。这一表述有助于读者更深入地理解教学评价的内涵和重要性。

二、教学评价的功能

（一）预测功能

预测能力意味着根据评价对象的阶段性评定，分析、观察和预测其发展趋势，获取尽可能多的数据和事实，筛选可用于评价的因素，并进行科学分析和逻辑推导。一般而言，传统教学评价主要关注评价对象现状的定量和表面描述，而较少关注评价对象未来发展方向和趋势的预测。然而，为了预测学生未来的发展状况并根据预测为学生的成长提供建议，教师需要充分发挥评价的预测功能，收集和掌握评价对象的各种相关信息。另外，还需运用科学的评价方法，如诊断性评价、综合性评价等，以实现最精确的预测效果。

（二）导向功能

1.指导教学发展与国家政策保持一致性

教学评价的导向作用显著地体现在它能引领学校教育教学与国家教育政策保持一致。无论学校还是教师，都应遵循国家教育方针政策的规定来组织和实施教学活动。例如，学校需要根据国家对学生德、智、体、美、劳全面发展的要求来掌握教学与评价的内容，学校和教师必须以科学的教育理念为指导，明确办学方向。教学活动的目标不仅是传授学生知识和技能，更要培养道德品质、磨炼坚强意志、增强社会责任感，使学生成为有思想、有素质、有知识、有能力的人。

2.为教学与学习明确发展方向

教学评价结果直接关系到教师未来的教学计划和学生学习规划。但在实际英语教学中，教学评价对教学计划与学习规划的指导作用往往未被充分重视，也未纳入评价体系。因此，有必要建立科学、全面的教学评价体系，确保教学评价充分发挥为教师和学生明确全面发展目标的作用，引导教师和学生通过实现阶段性目标最终达到整体目标。这意味着教学评价必须发挥正确的导向功能，一旦导向发生偏差，教学与学习的方向也将偏离正确轨道。

（三）诊断功能

教学评价是教学活动中不可或缺的环节，其最基本的功能是诊断教师教学效果和学生学习效果。这个过程包括对教师和学生两方面的内容进行评价。

对于教师来说，教学评价的诊断功能是必要的，因为教师是教学活动的组织者和开展者。如果没有对教师的教学效果进行评价，就不能确定教师的教学水平和教学质量，也不能全面地判断教师所采用的教学方法和教学技巧是否合理。同时，全面的教学评价工作还可以判断教师与学生的关系是否融洽，学生对教学活动的开展是否有良好的体验。

对于学生来说，教学评价的诊断功能同样是必要的。全面的教学评价工作可以帮助判断学生的学习效果是否达到了教学目标的要求，也可以通过评价进一步分析学习效果欠佳的原因，如教学环境、教学方法、教学内容等哪方面的因素是影响学习效果的主要因素。这些评价结果可以为学生提供改进学习方式和方法的指导，从而更好地实现学习目标。

因此，教学评价的诊断功能是开展教学评价最充分的理由之一。对教师和学生进行全面的评价可以帮助教学者发现问题并改进教学方法，同时也可以帮助学生更好地学习和成长。

（四）激励功能

教学评价对于评价对象的激励功能是教学评价不可或缺的重要功能之一。评价可以激励评价对象的情感、斗志和精神，提高评价对象的积极性和主动性。具体来说，教学评价的激励功能可以对教师和对学生两个方面体现出来。

1. 对教师的激励功能

对于教师来说，教学评价的激励功能主要体现在为教师的教学改革提供参考信息。教师可以通过自我评价、学生评价和其他教务人员的评价了解自己在教学过程中存在的问题和不足，进一步反思原因并解决问题。这些评价结果可以帮助教师重新思考自己的教学方法和策略，进而提高教学效果，激发教学的热情和兴趣。

此外，教学评价还可以帮助教师更好地了解学生的学习情况。教师可以通过评定量表了解学生的具体学习情况、达标情况、兴趣、能力及学生水平在班级中的位置。这些信息可以帮助教师有的放矢地进行个别指导，因材施教，提高教学质量。

96

2.对学生的激励功能

对于学生来说，教学评价的激励功能可以帮助学生改进学习活动。教学评价能够及时全面地反映出学生在学习过程中的表现，发现自己的不足，并采取措施改进学习活动。学生可以通过教师和同学的评价，以及自我评价来认识自己的学习状况，激发自己的学习动力和兴趣，更好地实现学习目标。

教学评价对于评价对象的激励功能是教学评价不可或缺的重要功能之一。通过评价结果，评价对象可以认识到自身存在的问题和不足，并采取有效的措施改进自己的教学或学习活动，从而提高教学质量和学习效果，激发教学热情和兴趣，实现全面的教学目标。

三、教学评价的类型

根据不同的分类标准，英语教学评价可以分为不同的类型。如按照评价功能进行分类，英语教学评价可以分为形成性评价、诊断性评价、终结性评价；按照评价标准进行分类，英语教学评价可以分为相对评价和决定评价；按照评价表达进行分类，英语教学评价可以分为定性评价和定量评价。

（一）按照评价功能分类

1.形成性评价

1967年，美国评价学专家斯克里芬在其著作《评价方法论》中首次提出了形成性评价的概念。随后，美国教育家布卢姆将形成性评价应用于教育评价的实践中，使之成为教学评价的一种重要类型。布卢姆认为，形成性评价是一种系统性评价方法，用于课程编制、教学和学习的过程中。该评价方法的主要目的是帮助发现教学活动中存在的问题，并为日常教学活动提供反馈信息，以便教师及时修改问题、调整活动，从而取得更好的教学效果。

形成性评价具有一定的特点。首先，它是针对教学过程中的实际操作而设计的，通过对学生的学习情况进行监测和反馈，帮助教师及时进行调整，以提高教学效果。其次，形成性评价具有时效性，及时反馈结果有助于教师了解学生的实际学习情况，及时对学习活动进行调整和优化。最后，形成性评价是一个动态过程，它随着教学过程的不断推进而不断进行调整和改进。

形成性评价是一种有利于优化教学过程和提高教学效果的评价方法。通过及时监测和反馈学生的学习情况，教师可以及时调整和优化教学活动，使学生的学习效果更加明显。

2.诊断性评价

诊断性评价，也被称为"教学前的评价"，在教学活动开始之前，教师需要了解学生现有的知识、技能、学习动机及学习中容易出现的问题等学习情况，以便设计出符合学生特点的教学方案。教师可以通过多种方法和途径获得这些情况，其中最常用的方法之一就是诊断性评价。

诊断性评价是指在一门课程或一个学习单元开始之前，教师对学生的认知能力、情感能力和专业技能等方面的学习条件展开的评价。开展诊断性评价的目的是促进学生的学习，其方式是为学生制定适合其自身学习特点的发展目标和发展方案。

通过诊断性评价，教师可以了解每个学生的学习特点和需求，并据此制定个性化的教学方案，有针对性地进行教学。诊断性评价可以帮助教师预测学生的学习成果，指导学生学习，提高学生的学习效果。同时，诊断性评价也为学生提供了一个自我认知的机会，帮助他们了解自己的学习特点和需求，提高自我管理和学习能力。

3.终结性评价

终结性评价也被称为"教学后评价"或"总结性评价"，是在某个相对完整的教学阶段结束后对整个教学目标实现程度进行的评价，如学期末或学年末各个学科专业的考试、考核。下面将重点讨论终结性评价的作用、特点和实施方式。

（1）终结性评价的作用集中体现在以下四个方面。评定学生某一阶段的学习成绩；判断学生掌握知识、技能的程度和现有的能力水平；为学生某一阶段的学习提供反馈；评价学生在今后学习过程中获得成功的可能性，确定学生开展后续学习的起点。

（2）终结性评价的特点主要体现在以下三个方面。评价目标、测试内容和测试题目。从评价目标角度分析，终结性评价的直接目标是对整个教程或某一重要教学阶段所取得的教学成果进行评定，最终目标是评定学生的成绩，为下一阶段学习活动的安排提供依据；从测试内容角度分析，终结性评价是为了考查学生对某一课程整体内容的掌握情况，因而测试内容比较全面，分量相对较重，评价的频率也比较低；从测试题目角度分析，终结性评价的题目几乎涵盖了学生学过的所有重点内容，是所学知识、技能、能力等多种因素的综合体。

（3）终结性评价的方式。终结性评价常采用表现性评价方式来展现评价内容，如作文、研究报告、项目报告、论述题等。以下两种评价方式是终结性评价中常用的方式。

第一种是项目评价。采用项目作为终结性评价的方式是因为项目的应用范围较广，可以用调查报告、模型制作、网页制作等方式评定学生的知识能力。例如，在英语口语考试中可以通过让学生用英语表演节目的方式测试学生的口语能力。由此可见，项目学习本身就是一种活动，其活动成果的展示可以作为终结性评价的一种方式。

第二种是论述题评价。论述题主要用来评定学生概念、建构、组织、关联和评定观点等方面的能力。论述题指导学生根据问题实施终结性评价时，除了采用表现性的评价方式，也可以使用标准化的测试方法，如选择题、填空题等。这种方法的优点在于测试结果客观可比，评价结果具有较高的可信度和可靠度。同时，标准化测试还可以对大量学生进行评价，方便对学生的整体情况进行分析和比较。

但是，标准化测试也有其局限性，一方面，标准化测试仅能测试学生的知识掌握情况，而不能全面考查学生的能力、素质等方面，因此不能充分反映学生的学习情况。另一方面，标准化测试缺少对学生个性化差异的考虑，不能准确评价学生的特点和优势，对于学生的综合素质评价也较为困难。

终结性评价作为教学评价的重要环节，对于教师和学生都具有重要的意义。对于教师而言，终结性评价可以帮助他们了解学生的学习情况，及时调整教学策略，提高教学效果。对于学生而言，终结性评价可以让他们了解自己的学习成果和不足之处，进而采取相应的措施，改进学习方法和提高学习效果。因此，教学评价中的终结性评价应该被充分重视，并结合其他评价方法，共同促进教育教学的发展。

（二）按照评价标准分数

相对评价和绝对评价是教学评价中常见的两种评价方式，它们有各自的特点。

1. 相对评价

相对评价是基于被评价对象的集合，选取一个或若干个体为基准，将其他评价对象与基准进行比较，确定每个评价对象在集合中所处的相对位置。相对评价的优点在于能够体现群体之间的差异和优劣，具有一定的灵活性和可比性。但是，相对评价的缺点在于评价的基准会随着群体的差异而发生变化，不利于教学目标的引导和个体差异的反应。

2. 绝对评价

绝对评价是在被评价对象的群体之外设定一个客观标准，根据标准来判断评价对象的优劣。这种评价方式相对客观，因为标准的确定不会受到被评价对象个体或集体水平的影响。绝对评价的优点在于评价标准具有客观性和通用性，能够为评价对象设定明确的学习目标。但是，绝对评价的缺点在于所谓的客观标准容易受评价者原有经验和主观意愿的影响，因此很难做到真正的客观。

在教学评价中，相对评价和绝对评价各有利弊，教师需要根据具体情况选择合适的评价方式，以达到更好的评价效果。

（三）按照评价表达分类

定性评价和定量评价是教学评价中两种不同的评价方式。定性评价侧重于对评价资料进行"质"的分析，即从逻辑分析的角度出发，通过分析和综合、比较和分类、归纳和演绎等方法，对评价所获得的数据、资料进行思维加工，强调对过程和要素相互关系的动态分析。定性评价在教学评价中的应用非常广泛，特别是对于复杂的教学活动，如需要对教学过程和教学成果进行深入分析和探讨时，定性评价可以提供有益的参考。

相比之下，定量评价则是从"量"的角度，通过运用统计分析、多元分析等数学方法，对教学评价中的数据进行规律性总结和归纳，旨在提示数据的特征和规律性。定量评价侧重于通过数学分析和统计方法对教学数据进行量化分析，从而更加客观、系统地揭示出教学过程和结果的规律性，更加精确地评价教学效果。

定性评价和定量评价二者互为补充，相互影响、相互促进。在教学评价过程中，定性评价和定量评价应该结合使用，不可片面强调一方而忽视另一方，要因情况而异，根据评价对象、评价目的和评价标准等因素，选择合适的评价方式。

四、信息化教学评价体系

（一）信息化教学资源体系

在现代教育中，信息化教学资源的应用越来越广泛，有效评价这些资源的质量和成效成为一个重要问题。为了构建一个有效的评价体系，需要关注以下几个方面。

1.评价主体与客体的互动关系应该得到充分关注

信息化教学资源的评价应该将评价主体（如教师、学生等）置于一定的标准和体系中，通过一系列理论和评定方法进行定性或定量分析。评价主体和客体之间的关系是积极互动的，而不是相互独立的。

2.研究者需要构建一个完整的教学资源理论体系

目前，关于信息化教学资源绩效评价模型和方法的研究还不够深入，基础理论和实证研究相对落后。因此，综合各种理论和实证研究，构建一个完整的信息化教学资源评价理论体系以指导评价实践至关重要。

3.制定合理的评价指标是评价信息化教学资源的关键

在评价过程中，应确立合适的评价指标，包括资源的布局合理性、满足用户需求程度、资源共享程度和创造性等。

4.评价体系需要不断更新

由于信息化教学资源种类繁多、更新速度快，评价系统难以跟上时代发展速度。同时，缺乏组织性和系统性的资源评价体系也使评价过程变得困难。因此，关注评价指标和方法的创新，提高评价体系的适应性至关重要。

5.平衡资源投入与教育效果的回报

信息化教学资源具有一定的公益性质，教育机构并不完全追求资源利用率的提高。因此，如何在投入和回报之间找到平衡，以实现资源的最佳配置和利用，成为评价信息化教学资源的重要任务。

为了有效评估资源的质量和成效，需要建立完整的理论体系，制定合理的评价指标，关注评价体系的适应性和创新，以及平衡资源投入与回报。这样，才能为教育工作者和学习者提供高质量的信息化教学资源，从而推动现代教育的发展。

（二）信息化有效教学评价体系

信息化有效教学评价体系的建立是为了更好地评估信息化教学过程中各个方面的质量和效果。构建信息化有效教学评价体系的四个维度如图3-4所示。

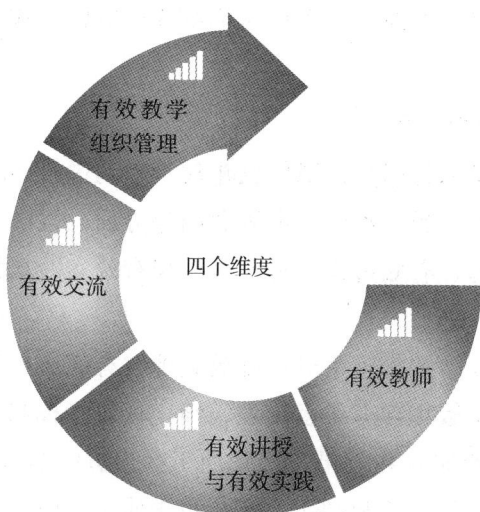

图 3-4　构建信息化有效教学评价体系的四个维度

1.有效教师

教师作为教学活动的核心和主导者，对教学效果具有决定性影响。评价有效教师应关注其个人能力，包括专业知识水平、教学方法的灵活运用、辅助教学材料的应用、对学生心理的研究与理解以及教师的责任心等。同时，关注教师在教学过程中的行为表现，如是否组织有效的交流、实施有效的教学过程和设计实践环节等。

2.有效讲授与实践

有效讲授和有效实践是信息化教学过程中关键的环节。有效讲授关注教师如何更好地传递信息，而有效实践则关注学生如何通过实际操作从而内化知识。评价时应关注教师讲授的质量和学生实践环节的设计与实施，以促进学生对信息的内化和知识的习得。

3.有效交流

交流是教学过程中不可或缺的部分。有效交流能够更好地联系教师和学生，以及在一对多环境下的不同学习者。评价有效交流应关注教师与学生之间的对话交流，教师是否通过有效提问激发学生思考，引导学生之间的合作学习等方面，有无提高学习者在信息化教学中的主动性和实践性。

4.有效教学组织管理

有效的教学组织管理是保障信息化教学顺利进行的关键因素。评价时应关注课堂纪律、教学进度、资源利用等方面，以确保教学过程有序进行，为有效教师、有效过程、有效交流和有效实践提供良好的组织与管理支持。

信息化有效教学评价体系应从有效教师、有效讲授与实践、有效交流和有效教学组织管理四个维度出发，细化评价指标和方法，以全面地评估信息化教学的质量和效果。这有助于找出教学过程中的不足之处，促进教育资源的优化配置和利用，提高教学质量，最终实现信息化教育的愿景。

第四章　信息化背景下小学教师专业发展理论基础

第一节　群体动力理论

一、群体动力学的原理

马克思曾指出，在每月 144 小时的总劳动时长中，12 个人共同劳动的产出会大大超过 12 个孤立劳动者各自劳动 12 小时或一个劳动者每日做 12 小时，连续劳动 12 天的产出。特里普利特的实验也证实了这一点，他发现单独骑自行车的速度比一群人骑自行车慢 20%，而在卷钓鱼线的竞赛实验中，儿童群体的效率比个体高出 10%。这表明，群体工作比独立工作更有利于提高工作效率。①

个体生活在由不同群体组成的社会中，受到所在群体的影响，同时也影响着群体。群体中的个体产生的作用往往比单独个体要大得多。群体是由具有相同或相似心理、目标的人组成的共同体，他们以特定方式

---

① 全国 13 所高等院校《社会心理学》编写组 . 社会心理学 [M]. 天津：南开大学出版社，2016：47.

组合在一起开展活动并相互制约。群体成员之间存在许多关系，如同伴依赖、权威关系、利群行为、合作关系、竞争关系和共生关系等。这些关系使得群体中的个体相互产生作用和影响，形成群体的内部动力。

群体动力学是德国心理学家勒温创立的理论。该理论认为，人的心理和行为取决于内在需求与周围环境的相互作用。勒温提出的行为公式是：$B = f(P, E)$。其中 B 表示行为，f 表示函数关系，P 表示个人，E 表示环境。

公式表明，人的行为是个人内在需求和周围环境相互作用的结果。群体动力学理论的目的是寻找和揭示群体行为与个体行为的动力源，从心理和社会环境两方面寻找对群体和个体行为的推动力量。

在群体学习中，每个学习个体都受到群体的影响，受群体习惯约束，并受群体动力推动。一般的群体动力系统包含三大要素：凝聚力、驱动力和耗散力。这三种动力要素共同存在于群体中，相互作用，推动着群体的演化和发展。凝聚力是保证群体稳定的因素，表现在目标凝聚、归属凝聚和环境凝聚等方面。驱动力是促使群体发展和演化的因素，具体表现在榜样驱动、典型驱动和制度驱动等方面。耗散力则是破坏群体稳定和演化、降低群体绩效的因素，一般来自冲突耗散、无核耗散和环境耗散等方面。

群体动力对个体和群体的影响是多方面的。首先，凝聚力有助于维护群体的稳定和团结，使成员在追求共同目标时更加团结协作。其次，驱动力可以激发群体中个体的积极性和创造力，促使群体不断进步和发展。最后，耗散力虽然可能导致群体的不稳定和效率下降，但在一定程度上也可以激发群体自我调整和优化，以应对挑战和变化。

在教育和学习环境中，群体动力学的应用有助于提高学习者的学习效果。教师可以通过组织合作学习、竞赛和互动等方式，充分调动学生的积极性和主动性。同时，教师还需关注群体中可能出现的负面现象，如冲突、排斥和压力等，适时进行干预和调整，以维护群体的稳定和谐。

群体动力学在现代社会中具有重要的意义。它揭示了群体和个体之间的相互影响和作用机制，为理解和优化群体行为提供了有益的启示。在教育、企业和社会管理等领域，运用群体动力学理论可以有效提高群体和个体的绩效，促进整体发展。

组织是一种特殊的群体，它根据特定的目标和体系构建而成。组织内部存在着不同的力量，这些力量可以根据其性质和作用进行划分。组织力量分类如表4-1所示。

表4-1　组织力量分类

类型	性质和作用
核心吸引力与排斥力	组织的核心是其灵魂所在，拥有强大的核心吸引力将使组织更为坚定，从而产生对核心的向心力。相对应的是排斥力。
向心力与离心力	核心周围需要一群骨干成员，他们对核心产生向心力，从而形成组织的基本凝聚力。与之相对的是离心力。
个体原动力与破坏力	每个人都具备个体原动力，组织的任务是通过培养、激励和限制手段使个体原动力与组织的方向一致，进而形成组织的推动力。相对应的是破坏力。
推动力与拖累力	推动力是推动组织发展的综合力量。相对应的是拖累力。
创新生命力与毁灭力	组织的创新生命力是可再生的，创新是组织生命的源泉。相对应的是毁灭力。
层级控制力与反叛力	组织上层对下层施加控制力，以确保组织体制的完整性和机制的正常运行。相对应的是反叛力。
相互依赖力与分裂力	组织由群体组成，群体之间以及个体之间存在相互依赖关系。相对应的是分裂力。

这些力量共同决定了组织或群体的动态发展和稳定。在实际的群体或组织活动中，需要掌握这些力量的特点，以便适应和利用它们为群体中的个体服务。

在教师培训过程中，应关注教师群体和组织的作用。通过组织教师建立学习群体，可以为教师提供参与式学习的机会，帮助他们在教育改革中提高适应能力。同时，团体交互作用机制有助于教师在自主协同学习中实现经验共享、互促共进，并共同建立教师专业化的职业认同感。此外，教师培训还可以引导教师积极参与实践，提高在真实情境中解决问题的能力，并通过团体中的社会互动进行广泛的协商和意义建构等。

因此，在教师培训中，学习群体组织或团体是基于共同的学习愿景、多样化互动方式进行学习的团队。建立这样的学习共同体对于提高教师的专业素养至关重要。

二、学习共同体

学习共同体是一个由学习者及其辅助者（教师、专家、辅导者、同伴等）组成的团体，成员在学习过程中定期交流、分享学习资源，共同完成学习任务。这种团体强调共同的信念和愿景，鼓励学习者分享见解与信息，以促进深层理解。在这个过程中，学习者与同伴开展协商、呈现知识、相互依赖及承担责任等多方面的合作活动。

一个良好的学习共同体应具备归属感、信任感、互惠感和分享感，以确保所有成员朝着共同的组织目标努力，实现高质量的学习。教师学习共同体是教师自发组织的，以提高专业素养和职业能力为宗旨，积极探寻各种自主学习形式。这种共同体具有共同的文化、历史传承、目标和相似的实践经验等特点。共同体的成员在灵活适应环境的基础上，发掘自我能量，通过自主研究和反思教学行为，勇于探索。

协作学习是一种学习方式，学习者通过小组或团队协同以达成学习目标。在学习共同体中，基本的协作模式包括竞争、协作、伙伴关系和角色扮演。竞争是指针对同一学习内容或情境，学习者进行竞争性学习。协作是指学习者在共同完成任务的过程中发挥各自的认知特点，相互争论、相互帮助、相互提示或进行分工协作。伙伴关系是为了完成某项学习任务而结成的，伙伴之间可以讨论、协商，也可以在争论中达成共识。

角色扮演是让学习者扮演不同角色，激发学习者掌握知识的兴趣与积极性。

协作学习强调任务驱动下学习者之间的积极协作，发挥学习者的主体性和主动性，体现了信息社会环境下人们学习、工作所必需的协作精神。合作学习不仅是一种理论培训方法的探索，同时也是一种现代教育观念的传播。恰当的合作学习需要一个严谨的计划，学习者需要相互协作以获取社会经验、工作经历，并从集体中获得评价。

在协作学习过程中，学习者通过小组或团队形式组织学习和提高学习效率。小组成员的协同工作是实现学习目标的有机组成部分，学习者个体之间是一种有机关系。学习者需要一方面独立完成自己的学习任务，另一方面与其他学习者进行交流以共同完成整体学习任务。个人学习的成功与他人学习的成功密不可分，学习者之间应保持融洽的关系和相互合作的态度，共享信息和资源，共同承担学习责任，完成学习任务。协作学习强调学习者的创造性、自主性和互动性。

将协作学习引入现代教育技术教学不仅是对理论培训方法的探索，也是对现代教育观念的传播。在信息社会环境下，协作学习有助于培养学生适应未来工作和生活的能力，提高学习者的沟通、协作、创新和批判性思维等综合素质。教育工作者应充分认识到协作学习的重要性，设计具有挑战性和吸引力的任务，为学习者提供良好的学习环境和丰富的学习资源，引导学习者充分发挥主体性和主动性，实现协作学习的最大价值。

学习共同体以其强调共同信念、愿景、交流与合作的特点，为学习者提供了一个有效的学习方式。教师和学生通过互相依赖、探究、交流和协作，达成学习目标。协作学习作为学习共同体的重要组成部分，有助于培养学习者在信息社会环境下所需的协作精神和综合素质。因此，教育工作者应该充分利用学习共同体和协作学习这一理念和方法，不断提高教学质量，培养具备现代社会所需能力的学习者。

三、信息化教学中的群体动力学

朗特里 1982 年在其著作《课程开发中的教育技术》中首次将群体动力学引入教育技术领域。他比较了两种不同的群体学习交流模式，一种是教师控制模式，另一种是群体控制模式。教师控制的学习交流模式适合教师与学生分别进行思想交流，而群体控制的交流模式特别适合学生自由地相互交流思想。在群体控制模式下，学生之间的相互影响很大，远远超过教师控制的学习模式。

在群体控制的学习交流模式中，教师的权威性减少了，但对教师适应能力的要求却提高了。教师必须具备良好的组织才能，才能组织、计划和管理好他所领导的群体的学习。此外，教师还必须具有很强的适应性，以适应群体变化的要求。与此同时，除了教师对学生的积极影响，学生之间也存在许多有益的互动机理。因此，群体控制的学习模式有利于学生达到更高的认知目标，培养独立解决问题的能力；有利于学生发展思维、交流技巧，形成创造性的思维能力；有利于学生人际关系技能的发展；有利于学生形成合乎需要的态度品质；有利于学生在有意义的相关情境中使认知和情感发展协调一致。

信息化教学环境为学习活动提供了大量的技术支持，这是群体动力的源泉，也是学习共同体得以生存与发展的基础。保尔森归纳了技术对学习共同体的支持形式，包括各种工具和活动。这些支持形式可以帮助学习者更好地协作、交流和创新，从而实现更高的学习效果。在信息化教学中，教师和学生可以充分利用各种技术工具和资源，如网络、多媒体、互动白板等，以提高教学质量和学习效果。

群体动力学鼓励学生参与讨论、协作和共享知识，以达到更高的学习目标。这种学习模式能够培养学生的团队合作精神、沟通技巧和解决问题能力。此外，它还有助于学生建立良好的人际关系和情感连接，提高彼此之间的信任感和归属感。

为了更好地实现信息化教学中的群体动力学，教师应该具备以下几点技能和素质。第一，教师应该具备较强的组织和管理能力，以便更好地引导学生进行群体学习和合作；第二，教师应具备较强的适应性，以便适应学生不断变化的需求和兴趣；第三，教师应具备良好的沟通和交流技巧，以便与学生保持有效的互动。

除了教师的角色，学生在信息化教学中的群体动力学中也扮演着重要角色。他们需要学会如何在团队中发挥自己的优势，与其他成员协作完成任务。学生之间的互动可以帮助他们更好地理解知识，发现新的观点和解决方案，从而提高整个群体的学习效果。

信息化教学中的群体动力学为教育带来了许多积极的变革。通过这种学习模式，学生可以在团队合作中发挥自己的能力，提高沟通和协作技巧，培养独立解决问题的能力。同时，教师在这一过程中也发挥着重要作用，他们需要具备强大的组织、管理和沟通能力，以指导学生顺利完成学习任务。在信息化教学环境下，群体动力学有望为教育带来更多的创新和发展。技术对学习共同体的支持如表4-2所示。

表4-2　技术对学习共同体的支持

交互形式	描述	技术支持	学习活动
自主交互	个体学习者获取网络资源	在线数据库和期刊软件库、导师和工作帮助、其他网络资源	独立的探究、研究活动协作或浏览
一对一交互	个体学习者与其他的个体交互	电子邮件、音视频的聊天	学徒和实习、电子邮件私人咨询、一对一聊天
一对多交互	个体学习者对整个学习群体传播信息	包含文本和多媒体的网络资源	讲座、研讨会、研究会
多对多交互	群体学习者通过不同的讨论或活动参与开放式的交互活动	邮件列表聊天或社交软件	辩论、讨论和支持群体意见、群体练习和项目MUD/MOO学习活动

以上总结了信息化教学中的四种主要交互形式，包括自主交互、一对一交互、一对多交互和多对多交互。描述了它们在学习者与其他学习者、教师和资源互动中的作用，以及相应的技术支持和学习活动。这些交互形式为学习者提供了丰富的学习体验，有助于提高学习效果和激发学习兴趣。

第二节　行动学习理论

一、理解行动学习理论

随着信息技术的快速发展，软件资源管理已经进入了数字化时代。在这个时代，行动学习作为一种有效的学习方法，为软件资源管理带来了新的启示。行动学习源自勒温等人对传统社会科学研究的反思，通过行动来获得知识和提高能力。本文将探讨如何运用行动学习理论来改进数字化软件资源管理，以提高组织的学习能力，提出高效的解决方案，减少不必要的开支，并减少学习到应用之间的时间。

行动学习是一种通过实践来学习的方法，它强调反思、提问和执行，使学习者在体验、认识和行动能力方面不断提高。在软件资源管理领域，行动学习可以帮助企业和组织更有效地应对变化，促进员工在工作岗位上的学习。瑞文斯于 1982 年提出了一个学习公式：$L=P+Q$。其中 L 代表学习，P 代表程序化知识，Q 代表提出问题的洞察力。基于这个公式，可以将行动学习定义为 $AL=P+Q+RI$，其中 AL 代表行动学习，P 代表程序性知识，Q 代表提问，R 代表反思，I 代表执行。这个公式表明，行动学习过程是在学习的基础上增加了反思与执行，是一种行动中的学习。

在数字化软件资源管理中，行动学习可以帮助企业和组织提高员工的责任感、学习能力和执行力，从而推动业务发展。行动学习可以通过解决实际问题，提高员工对软件资源的使用效率。例如，在软件开发过程中，员工可以通过实践探索最佳的编程方法，提高代码质量和执行效率。同时，员工可以通过反思自己的行为，找到问题的根源，提出有益的解决方案。

行动学习有助于激发员工的创新能力和团队协作。在数字化软件资源管理中，员工需要与其他团队成员紧密合作，共同应对复杂的业务挑战。通过行动学习，员工可以相互鼓励、支持和挑战，从而提高团队整体的创新能力和执行力。例如，在软件项目管理中，团队成员可以通过行动学习的方法，共同探讨最佳实践，提高项目的交付质量和效率。

行动学习有助于缩短学习到应用之间的时间，提高组织的应变能力。在数字化软件资源管理中，市场环境和技术发展日新月异，组织需要快速适应这些变化。通过行动学习，员工可以在实际工作中不断学习和实践，提高自己的知识和技能，从而更好地应对不断变化的市场和技术挑战。

行动学习可以帮助组织降低不必要的开支。在数字化软件资源管理中，传统的培训方式可能会导致高昂的成本。通过行动学习，员工可以在实际工作中学习，降低企业培训成本。同时，行动学习可以提高员工的工作效率和业绩，从而降低组织的整体运营成本。

在行动学习中，教育者的角色也发生了变化。在传统的教育教学模式中，教学内容较为固定，而学习进度、学习方法以及学习评估都由教师控制。然而，在行动学习项目中，控制权由教师转向了学生。教师与学生通过协商来确定学习目标和达到目标的方法，并制定学习协议，这有助于教师指导学习者学习。这种以学生为中心的学习方法有助于培养员工的自主学习能力和创新精神。

因此，在数字化软件资源管理中，行动学习作为一种有效的学习方法，可以帮助企业和组织提高员工的学习能力、创新能力和执行力，从而推动业务发展。通过运用行动学习理论，企业和组织可以更好地应对数字化时代的挑战，实现可持续的发展。

二、行动学习的过程

在数字化时代，软件资源管理正面临着巨大的挑战和机遇。阿诺德将行动的过程划分为四个必须经历的"学习环节"，科尔博和勒温提出完整的学习经历四个缺一不可的环节，即经历、反思、总结、规划。这些理论可以为软件资源管理的数字化提供指导。

软件资源管理的数字化需要以行动学习为指导。行动学习的核心目的是有目的地扩大和改善个体活动模式，关键在于学习者的主动性和自我负责。在软件资源管理的数字化过程中，行动学习可以帮助员工更好地适应新技术、新方法和新工具，提高他们的知识和技能。

具体而言，完整的行动学习模式可以分为以下四个步骤。

1. 确认工作任务

在软件资源实现数字化管理的过程中，明确具体的工作任务和目标是非常重要的。需要首先描绘出目标，弄清存在的困难以及为达到目标所需要做的工作、所需要的条件和应当满足的要求。

2. 计划

在这一阶段，需要确定完成工作的途径、步骤和所需要的材料。这可能包括开发新的软件工具、优化现有的资源管理流程或制定新的资源分配策略。

3. 实施

这是狭义的工作过程本身，其基本组成元素是工作目的、对象、材料、工具和方式等。在软件资源管理的数字化过程中，实施阶段可能包括软件开发、资源整合和优化，以及新技术的应用等。

4. 检查、评价与结果记录

在这一阶段，需要对工作过程进行质量控制，保证得出所期望的结果并对结果进行客观评价。这有助于发现问题、改进工作流程和提高软件资源管理的效率。

　　在信息化的教师教育技术能力建设培训中，行动学习的目标是获得能力。学者能从多种可能性中选择行动方式。在软件资源管理的数字化过程中，行动学习可以帮助员工提高他们的学习能力、创新能力和执行力。

　　行动学习强调学习者对学习过程的批评和反馈，即学习评价。评价的重点是获取加工信息和解决问题的方法，包括自我评价和外部评价。在软件资源管理的数字化过程中，评价可以帮助确保员工能够有效地应用新技术和方法，并及时发现和解决问题。此外，评价还有助于调整和优化资源管理策略，从而提高整体效率和效果。

　　在软件资源管理的数字化过程中，行动学习理论提供了一种有效的指导方法。通过采用行动学习模式，员工可以更好地适应数字化所带来的变化，提高他们在软件资源管理中的知识和技能。同时，通过对工作过程进行反思、总结和规划，可以更好地发现问题、优化流程并提高工作效率。通过这种方式，软件资源管理的数字化将为组织带来更高的效率和竞争力。

　　在实践过程中，可以将行动学习应用于教育管理团队的日常工作，例如定期组织培训和研讨会，以便教师分享经验和最佳实践，共同解决问题和挑战。此外，还可以利用数字化技术，如在线学习平台和社交媒体，搭建知识共享和协作的网络，进一步加强团队之间的沟通和协作。

　　行动学习在软件资源管理的数字化过程中的应用，不仅有助于提升教师的个人能力，而且有助于推动组织整体的持续改进和创新。在数字化时代的快速变化和竞争激烈的环境中，采用行动学习理论指导软件资源管理的数字化，将有助于组织实现更高的效率和竞争力，为未来的成功奠定坚实基础。

三、行动学习理论的实施

　　行动学习是一种将认知学习过程与教师行动相结合的教育理论，旨在提高学习者在实际工作中的创新意识和问题解决能力。实施行动学习的关键步骤包括描绘共同愿景、组建行动学习小组和培养教练与促进师。

描绘共同愿景是实施行动学习的第一步。在开始行动学习之前，需要整合学习群体并建立一个共同的愿景，以便每个学习者都有明确的目标和方向。情景规划作为一种战略设计工具，有助于提高组织对环境变化的感知能力和适应变革的能力。通过规划共同愿景，学习者能够提前发现可能的威胁和机会，更容易改变思维模式，并使交流更加积极、坦率和真诚。

组建行动学习小组是实施行动学习的第二步。行动学习小组可以在小范围内进行讨论和交流，围绕学习者的问题以及他们需要的帮助展开。这有助于促进个人学习行动的有效推动。行动学习小组的互动可以帮助学习者在有限的时间内取得成果，同时通过对经验的反思进行学习，发现潜在的个人问题。

教师角色的转变是行动学习实施中的第三步。在行动学习过程中，教师不再是培训过程的主要角色，也不再仅仅向学习者灌输知识和技能。他们的角色转变为指导和牵引，更像是"教练""促进师"或"牵手人"。

行动学习中的教练和促进师需要具备一定的专业知识、观察能力、对话组织能力、自我反思能力、心智模式改善能力、语言表达能力、自我心理调节能力、冲突管理能力、心理学基础知识、问题解决技能和系统思维能力。他们的主要任务是引导团队成员以更有效的方式思考和交流，关注心智推理模式和交流引导，帮助参与者学会思考和交流，从而更好地解决问题。

第三节　知识管理理论

一、知识管理的内涵

知识管理是指为了增强组织绩效而创造、获取和使用知识的过程。知识可以分为两类：显性知识和隐性知识。显性知识是正式的、外在表现形式清楚且已有明确记录的知识，可以通过正常的语言方式传播。隐性知识则是表现形式不清楚且没有明确记录的知识，往往是个人或组织长期积累的经验，通常不易用言语表达，也不易传播。

1.知识的特性

（1）相关性。知识之间存在千丝万缕的联系，这种相关性使得知识不仅仅是孤立的信息片段，而是形成了一个复杂的网络结构。这种知识关联的特性使得人们可以通过推理、联想和对比等方式，将已知的知识片段组合成新的认识，从而形成对现实世界更深入的理解。知识的相关性体现了知识的内在价值，也是推动人类社会进步的动力之一。

（2）共享性。与物质资源不同，知识可以在多人之间共享，而不会因此损失或减少。这一特点使得知识成为一种独特的资源。例如，当一个人将知识传授给另一个人时，这一过程并不会使传授者失去原有的知识。相反，知识的共享有助于提高整个社会的知识水平，进而推动科技、文化和经济的发展。知识共享还有助于缩小知识差距，提高人们的创新能力和协作效率。

（3）收益性。知识的收益性表明，知识在不同人的理解和记忆中具有不断增长的效益。因为每个人的知识体系和经验背景都有所不同，所以同样的知识在不同人的头脑中可能产生不同的效果。有时，一个简单的知识点可能引发一连串的思考，从而产生巨大的价值。知识的收益性还体现在知识的迭代和传承过程中，人们不断积累、整合和发展知识，使其不断丰富和升华。

（4）变化性。随着时代的发展，知识在不断演进、更新。这使得人们需要不断学习新知识以适应社会的发展。知识的变化性体现在两个方面：内涵和外延。知识的内涵指的是知识所包含的实质内容，而外延是指知识所涉及的领域范围。随着科学技术的进步和社会实践的深入，知识的内涵和外延都在不断延伸。

2.知识管理的核心原则

（1）积累原则。积累原则指的是不断积累知识以构建知识资源库。

这个原则认为，一个组织可以通过不断积累知识和经验来创建一个知识库，使得组织中的成员可以更好地利用和共享这些知识。通过积累和管理知识，组织可以更好地利用已有的知识，同时也可以更好地准备应对未来的挑战。

（2）共享原则。共享原则要求组织内部的信息和知识尽可能公开，使每个成员都能接触和使用集体组织的知识和信息。这个原则认为，只有当知识得到广泛共享，组织内部的成员才能够更好地利用这些知识来实现组织的目标。因此，共享知识和信息可以促进组织的创新和持续发展。

（3）交流原则。交流原则是指在组织内部建立有利于交流的组织结构和文化氛围，使个体之间的交流畅通无阻。这个原则认为，一个有效的知识管理系统需要建立起一个促进交流的组织文化和结构。这样可以促进组织内部的成员之间的知识共享和合作，增强组织的竞争力和创新能力。

知识管理可以促进组织中的知识共享，加强组织内部沟通，应对组织迅速增长以及人员、信息、资源流动变化带来的问题。在教师教育技术能力建构的培训中，培训的内容就是教师最需要的教育技术和信息技术知识，培训的目标是使教师掌握知识与技能。对培训知识的管理就是使知识最大限度地显性化，实现最大范围的共享。因此，促进隐性知识向显性知识的转化，实现共享，以及增强二者的互动性对教师培训具有极为重要的意义。知识管理关注知识的创造、获取和使用，以增强组织的绩效。知识管理的核心原则是积累、共享和交流，以实现知识资源最大化的目标。

二、知识管理理论的应用

1.培训资源的管理

随着知识经济的发展，越来越多的组织开始意识到知识在竞争中的重要性，知识管理也成为商业社会中非常重视的一个主题。在教师教育技术能力建构的培训中，也需要从知识管理的视角来研究培训资源的管理。培训资源包括培训的知识、材料、学员、教师、设备、环境等。本文将从明确资源管理的主题、明晰资源管理的框架、确定资源的创造与获取、优化资源建设的过程、加强资源的共享交流以及健全资源的管理系统等方面进行阐述。

（1）明确资源管理的主题。知识管理的目的是更好地使用知识，培训资源的建设也应该考虑如何利用资源来满足学习者的需要。建立教育技术能力建构的培训资源时，需要考虑什么样的资源可以利用，如何获取、如何组织、如何使用，以及如何让这些资源形成更大的价值。

（2）明晰资源管理的框架。支持知识管理过程的工具与方法组成一个整体结构，反映了我们通常对知识的理解，以及知识如何在组织中有效应用。在培训资源的建设中，也需要了解资源管理的框架，清楚建立测量、评价、实施和控制资源的工具与方法，掌握资源的整体结构，了解各部分的组成，了解资源的测量、归类、分析、引用、编码和组织等，了解资源的评价与评估、处理、使用和控制等。

（3）确定资源的创造与获取。知识创造是指组织在现有知识基础上开发新的知识的过程。进行知识创造需要激发人的创造力。组织的知识创造就是发挥组织创造力的过程。知识获取可以从组织内部或从组织外部获得，获取知识的具体方式可以通过知识融合、知识加工和知识更新等方法。在教育技术培训资源建设过程中，需要从实际出发，多途径进行资源的创造和获取。

（4）优化资源建设的过程。知识管理工作中必须有一个十分清晰的工作流程，每一步都必须扎扎实实地完成，前一步是最后一步的基础，这样才能完成知识管理的系统过程。在教育技术培训资源建设中，也需要有一个清晰的工作流程，包括内容规划、确定标准、编制评价指标、资源建设培训、资源征集、资源审核、资源使用等步骤。

（5）加强资源的共享交流。研究知识的目的就是要进行知识的共享，建立组织的知识共享中心可以使组织更好地管理其知识资源，在组织内部最大限度地共享知识资源，从而获得真正的竞争优势。知识的交流是生成知识的手段和途径。在教育技术培训资源建设中，也需要使资源共享，这样才能体现资源的价值，才能使知识更好地交流运用。

（6）健全资源的管理系统。知识管理系统是集成各种知识管理技术的多功能系统，能够支持知识的获取、组织、分类与理解、调试与编辑、搜寻与检索、传递传播与共享等。在进行资源库建设过程中，应注意资源库必须设计成为一种多用户信息检索系统，包括文本检索系统、数据管理系统、电子卡片目录软件、超文本系统和专家系统等。资源库管理系统必须借助于现代信息技术并易于使用，应该是一个灵活的易管理的系统，应能支持多种输入、提供多种输出结果，支持不同的环境与经验并易于修正和更新。资源库管理系统必须支持知识的发展，支持问题的解决。

2.培训知识的管理

知识管理在教育技术培训中的重要性日益突出，对于培训知识的管理，需要从建立知识共享与流转中心、创建知识仓库和架构平台环境三个方面来实现。这样可以更好地管理培训知识资源，最大限度地共享知识资源，利用知识资源来获得真正的教学优势，提高教师的教育技术能力。

（1）建立知识共享与流转中心。建立教育技术培训知识的共享与流转中心可以更好地管理培训知识资源，最大限度地共享知识资源，利用知识资源来获得真正的教学优势。知识的应用是管理的目的，知识的交流是生成知识的手段和途径，因此需要建立一个有效的知识共享中心，让受训人员把分散在头脑中的零星的隐性知识资源整合成强有力的知识力量，形成集体智慧，提高知识的创新能力，积累深厚的知识资本。

（2）创建知识仓库。创建教育技术培训的知识仓库可以使信息和知识有序化，方便信息和知识的检索与利用，帮助培训人员对培训进行有效管理，可以积累和保存信息和知识，加快内部信息和知识的流通，实现组织内部知识的共享。因此，建立知识仓库需要投入大量的资金和人力物力，需要做大量的组织协调工作，包括硬件资源的配置，知识的获得编码、分类及相应的人员培训等。

（3）架构平台环境。架构教育技术培训的平台环境是对培训知识进行管理的最佳手段。利用平台系统，可以方便地进行知识的分配与信息的共享，可以方便地获得他人的知识与经验，还可以有利于学习者对知识的检索与记忆。因此，需要构建一个有利于交流的结构和范围，使个体之间的交流畅通无阻，从而准确建立、管理与应用教育技术培训中的知识，提高教师的教育技术能力。

第五章　小学教师信息技术能力培训模型

第一节　教师培训规划

一、教师培训的新思考

（一）现代培训观的发展

现代培训观是一种全新的教育训练观念，它与传统的培训方式有着显著的区别，更加强调自我主动、终身学习、以人为本和技术的应用。在当今社会的各个职业领域，尤其在企业中，这种理念得到了广泛的应用。现代培训观不仅包含特定的岗位技能和知识，还涵盖了自我认识、自我创新、团队共享和团队互助等更广泛的领域。

1.现代培训观更加注重激发学员的学习动机

学习不再是被动地接受知识，而是主动地探索和发现。学员有自我发展的主观能动性与获取新知识、新技能的极大积极性。这种主动性的学习方式能够帮助学员更好地掌握知识，提高学习效率。

现代培训观更注重将培训目标与学校或单位的长远目标战略思考紧

密联系在一起。这种系统的思考方式有助于我们制定更有效的培训计划，以达到预期的目标。

2.现代培训观更关注人的生理与心理特点

培训不仅是学习知识的过程，更是个人成长的过程。因此，培训者需要考虑学员的身心健康，让他们在愉快的环境中进行学习。通过以人为本的培训方式，使学习者感到身心愉悦，把培训变成一种享受的活动。

现代培训观突破了岗位技能的范围，更注重提高人的综合能力。这一变化是因为在现代社会，个人需要的不仅是专业技能，更需要的是解决问题的能力，创新的能力，合作的能力等。现代培训观不是一种自上而下的行政命令。学员可以根据自己的需要和兴趣选择学习的内容和方式。

在这种背景下，现代培训的发展趋势也呈现出新的特点。首先是培训组织的多样性，如企业大学、产学合作、培训外包等。其次是从培训到持续学习的转变，学习成了一个持续的过程，而不仅仅是短期的目标。

3.培训手段的技术化

随着信息技术的发展，个人可以通过网络接受远程教育，利用各种学习软件和学习平台进行自我学习，这使得获取知识变得更加方便，同时也大大提高了学习效率。据统计，信息化学习新知识所需要的总时间是传统面授方式的40%，而对知识的记忆保持力又比传统方式提高25%到60%，从培训时间来说，比传统方式减少30%。培训内容国际化和本土化的结合，不仅可以使个人了解全球的最新知识，同时也可以让个人更好地理解本地的文化和环境。另外，实时培训的普遍化，这种方式可以使个人在需要知识的时候立即学习，使学习更加有针对性和效率。

现代培训观是一种以人为本，强调自我主动和终身学习的教育训练理念。它改变了传统的被动接受知识的学习方式，使教师能够在愉快的环境中进行有效的学习。同时，它也推动了培训方式和内容的创新，使个人可以更好地适应社会的发展和变化。在未来，笔者期待看到现代培训在更多的领域得到应用，为教师的学习和发展提供更多的可能性。

（二）从教师培训走向教师学习

谈论教师的继续教育和专业发展时，培训无疑是一种重要的途径。然而，要提高在职教师的教育技术能力，仅仅依赖被动地培训是不够的。教师培训需要树立新的理念，把教师的学习区别于学生的学习，以成人教育的观点和特点来重新开拓教师能力建设的途径。这首先需要树立教师在培训中的地位，培养他们的主动意识与参与意识。

"培训"和"学习"是两个密切相关但又有所不同的概念。"培训"侧重于通过一定的方法和途径对培训对象进行教育和训练，以掌握某些知识或技能，而"学习"则是通过阅读、听讲、研究和实践获得知识或技能的过程。从接受知识者的角度看，前者是被动的，后者是主动的。培训与学习的差异如表 5-1 所示。

表 5-1　培训与学习的差异

层面	外向培训	内向学习
知识与技巧	重在知识、技巧能力和工作绩效的提高	注重价值、态度、创新与效益
发展能力	适宜发展基本能力	有利于学习如何学习以及如何创造适合自己的学习方法
改进焦点	强调改善	强调突破
组织关联	与组织使命、战略无必然联系	与组织的价值观和成功直接相连
学习经历	短期、结构化的学习经历	正式与非正式、短期与长期相结合的，学习者自主控制的
解决问题能力	不一定能解决实际问题	能解决实际问题

在传统的培训模式中，知识和技能的传递通常是单向的，由专家向学习者进行传递。而在学习过程中，学习者需要自我建构和更新，主动从专家或其他地方获取知识和技能。

　　教师培训是一种结合知识与技能，融合理论与实践的方式，而其发展趋势是从"培训"走向"学习"。这需要把知识与技能，培训与学习结合起来，才能达到教师能力发展的最佳效果。

　　从这个意义上看，"培训"与"学习"并非对立的概念，而是相互补充的。指导者需要在培训的过程中强调学习者的自我学习意识，这是基于个人生理、心理、社会与教育等不同层面的共同要求。在这个过程中，个人是学习的主角，同时也可以获得教师的辅导与协助。

　　强调自我学习意识并不是要抛弃培训，而是在培训中创造学习者的自主、独立、主动、积极的环境和条件。这样可以激发学习者的自主意识，使他们能积极主动地参与培训，寻找和发现自己的不足，通过学习和训练，获得更多的知识与技能，从而达到培训的目的。这种理念的转变，需要摒弃传统的培训理念，更加关注每一位接受培训的教师，给他们提供充足的空间和保障，使他们能自由地探索和发展，完成从"培训"到"学习"的转变与进化。

　　在实践中，这种转变意味着首先需要建立一种更加开放和灵活的教师培训体系，将教师的主动性和自主性置于中心位置。其次，需要设计一种可以满足教师个体差异和需求的培训模式，允许他们自我驱动，按照自己的节奏和路径进行学习。最后需要提供丰富多样的学习资源，鼓励教师开展探索性学习，发现和解决问题，而不仅仅是被动地接受知识和技能的灌输。

　　另外，需要提供给教师有效地支持和引导。一方面，需要通过提供专业的辅导和咨询，帮助教师明确学习目标，制定学习计划，解决学习过程中出现的问题。另一方面，建立一种积极的学习文化也是必要的，鼓励教师进行互助学习，分享经验和成果，这不仅可以提高学习的效率，还可以增强教师的成就感和满足感。

　　评估和反馈也是支持教师学习的重要环节。需要建立一种公正、透明、及时的评估和反馈机制，帮助教师了解自己的学习进度和效果，鼓励他们对自己的学习进行反思和调整，以实现持续地改进和发展。

从教师培训走向教师学习，是一种深刻的理念和模式的转变。这种转变对于提升教师的专业能力，推动教育改革，提高教育质量，都具有重要意义。想要建立有效的教师培训系统，需要探寻教师发展的需求。

二、教师培训的需求

教师参与培训是由教师的需求决定的。需求反映了人们对某些客观事物的渴求，当个体感受到某种不足并寻求满足时，这种内心状态便会产生。人们在缺少某样东西时，往往伴随着生理或心理的紧张感，进而产生想要获得所缺失之物的欲望，以消解紧张，这就是需求。实际生活中，人们的需求千差万别，但可对这些需求进行分类。从需求的产生来源来看，可分为生物性需求和社会性需求。生物性需求是天生的、自发的，如对水、空气、食物等的需求。社会性需求则是后天形成的，随着社会历史的演变而变化，如交流、尊敬、爱与被爱、学习等方面的需求。众所周知，人具有自然和社会双重属性，因此，人自然会产生双重需求，这也是人与动物的区别之处。

从需求的对象来看，又可将其划分为物质需求和精神需求。物质需求包括对食物、衣物、电视机、电脑等的需求，在这类需求中，具体需求既可能属于生物性需求，也可能属于社会性需求，如对食物、衣物的需求属于前者，对电视机、电脑的需求属于后者。精神需求则涉及其他人对自己的尊敬、学习文学作品的内涵等方面的需求。从需求的范围来看，还可以将其划分为个人需求、他人需求和社会需求。这些需求有时相互一致，有时则产生冲突。冲突的程度和性质受社会制度、社会价值观和个人的世界观、人生观、价值观等制约。

研究发现，在人的诸多需求中，存在所谓的"优势需求"，即在多个需求同时存在时，其中最具推动作用和支配力量的需求。例如，当一个人把考研作为首要目标时，考研需求便成为他的优势需求。作为自然人，其优势需求通常是最基本的生物性需求。而作为社会人，在一定条件下，其优势需求可能受主观能动性影响，使得实现各种社会性精神需求处于优势地位，如吴玉章所说："人生在世事业为重。一息尚存绝不松劲。"[①]他将实现理想和为社会服务视为优势需求。已有研究认为，不同种类的需求在个体中往往构成一个结构系统。美国心理学家马斯洛将人的基本需求分为五类：生理需求、安全需求、归属和爱的需求（希望得到他人接纳、情感、参与团体或组织等）、尊重需求、自我实现需求。他认为这五类需求按照从低到高的层次关系排列，生理需求位于最底层，最容易满足，越往高层，越难以完全满足。奥尔德弗则认为需求系统由三类组成：生存需求、相互关系需求（如与他人交往、维持重要人际关系的需求）和成长需求（个人在事业前途方面的需求）。这两种分类都强调人的各种需求中，以社会性需求为主导，社会性需求作为优势需求，占据支配地位。

需求构成动机的基石。当个体察觉到自身需求时，会产生满足需求的渴望，这种渴望进一步激发并保持人的行为，使行为朝向特定目标发展，此时，渴望便转化为行为的驱动力，即形成了动机。因此，人们将需求视为生物体积极活动的源头，是个体行为的根本驱动力。动机由需求催生。动机是激发并维系个人某种行为以满足特定需求的内在动力。

尽管动机源于需求，但需求并不总是引发动机。动机通常产生于指向特定目标且具有实现目标可能性的需求之中。动机对人的行为具有启动或抑制、推进或引导的作用，驱动个人的行为向某一目标迈进。一旦某种动机行为实现了目标，人的相应需求也会得到满足，此时便会产生另一种新的需求，从而可能催生新的动机。

需求、动机和目标之间的关系相当复杂。同一个需求，可以指向多个目标，激发不同的动机；同一个动机，又可能源于不同的需求；同一个目标，还可能诱发不同的动机等。

（一）能力需求

对于教师来说，培训是一种重要的提升专业能力和提升个人能力的

---

① 李继勇.影响你一生的情感故事[M].太原：北岳文艺出版社，2008：125.

途径。这种需求来源于教师的内在动力和外在压力。下面将从能力需求的角度，详细阐述教师培训的意义和影响因素。

首先，需要了解"能力需求"这一概念。能力需求，本质上是个体对自我能力提升的渴望和期待，这种需求可能源于内在的欲望，也可能源于外在的压力。对于教师来说，能力需求主要表现在希望提高教学能力、教育理念、课程设计和教学技巧等方面。

在教师群体中，不同级别和身份的教师可能存在不同的能力需求。例如，无职称的教师往往更加渴望提升自己的能力，因为他们相对其他优秀教师，自身的教育教学水平有待提高，这给他们带来了更大的上升空间。他们通常希望通过学习和培训提高自身的教学技能和学科知识水平，从而获得更高的职称。他们的能力需求更加强烈，因此在培训中的学习动机也更强。

相对于无职称的教师，骨干教师的能力需求可能更强。骨干教师通常已经具备了一定的教学技能，他们对自己的能力有更高的信心，并且希望在教学中体现出自己的优秀。他们的学习动机水平更高，更倾向于内部学习动机。

对于中级职称层次的教师，他们的能力需求可能相对较弱。他们面临着提升职称的压力，因此在培训时对自我能力的感受可能不强。他们参加培训的原因可能更多的是来自外部压力，比如学校或者教育局的要求。

对于教师来说，满足能力需求的一个重要途径就是参加教师培训。教师培训可以帮助他们提升专业能力，增强自我信心，提高教学效果。同时，教师培训也是他们满足内在动机，实现个人价值的一种方式。

教师培训的形式多样，可以是学校内部的教研活动，也可以是区域性、全国性的专业培训。对于无职称和初级职称的教师，培训可以帮助他们掌握更多的教学技巧和方法，提升他们的教学能力。对于骨干教师和高级职称教师，培训可以让他们接触到最新的教育理念和教学方法，从而进一步提高他们的教学水平。

为了使教师培训真正发挥作用，只提供培训的机会是不够的。培训的内容、形式和教师的参与程度都是影响培训效果的重要因素。首先，培训的内容必须与教师的能力需求相匹配。其次，培训的形式必须能够吸引教师的参与，培训应该是互动和实践的，而不仅仅是传统的讲座形式。最后，教师必须积极参与到培训中去，他们需要对培训有足够的动机，这样才能从培训中获得最大的收益。

（二）自主需求

自主需求是人的基本需求之一，对于教师来说，这种需求在他们的职业生涯中尤为明显。自主需求代表着教师对自己的教学活动有着高度的控制权，他们希望自主地选择教学方式，自主地决定教学进度，自主地决定教学目标。这种自主性的需求在教师培训过程中也显得尤为重要。下面将从教师培训的自主需求这一角度进行阐述。教师培训的自主需求主要体现在以下几个方面。

教师希望自主选择培训内容。每位教师的专业知识和教学技巧都有其独特之处，他们的教学环境、学生情况和教学目标也不尽相同。因此，他们对培训内容的需求也各不相同。他们希望能够根据自己的需要，自主选择培训内容，而不是被动地接受统一的、固定的培训内容。

教师希望自主参与培训。教师培训不应该仅仅是教师被动地接受知识和技能的灌输，而应该是他们主动参与，通过探索和实践，实现自我发现和自我学习的过程。在这个过程中，教师可以自主地参与讨论，自主地提出问题，自主地进行实践，从而提升自己的专业能力。

现实中，教师的自主需求往往受到各种外部压力的限制。例如，来自学校、家长、社会的升学压力，会使得教师在教学过程中难以自主决定采取哪种教学方式，他们可能被迫采用传统的、效率较高的教学方式，而忽视了自我发展和创新。这种压力同样存在于教师培训过程中，教师可能被迫参加某些培训，而无法自主选择符合自己需求的培训内容和形式。

在过去的研究中，发现中学教师在培训满意度上的平均得分低于小学教师，这可能是因为中学教师承受的升学压力更大，他们的自主需求更难得到满足。因此，中学教师的内在学习动机相对较弱，他们可能更多的是被迫参加培训，而不是自主地选择和参与培训。

（三）归属需求

归属需求是人的一种基本心理需求，源于人的社会性，是指人的需求和欲望在一定的社会群体中得到满足和认同。对于教师来说，他们的归属需求主要表现在希望自己的教学能力、教学理念和教学实践得到同行的认可和社会的尊重。在教师培训中，满足教师的归属需求不仅能够提高教师的工作满意度，增强他们的教学自信心，也能够激发他们的教学热情和创新精神，从而提高教学质量和教学效果。下面将从多个方面来阐述教师培训的归属需求。

教师希望他们的专业能力和专业知识得到认可。教师是专业人士，他们通过长期的学习和实践，掌握了丰富的教育教学理论和教学技巧。他们希望这些专业能力和知识能够在同行和社会中得到认可。教师培训是提升教师专业能力和专业知识的重要途径，通过参加培训，教师不仅可以更新和扩充自己的知识和技能，还可以和同行交流和学习，感受到自己是这个专业群体的一员，从而满足归属需求。

教师希望他们的教学理念和教学实践得到尊重。每位教师都有自己的教学理念和教学方式，他们希望这些理念和方式能够得到同行和社会的理解和尊重。教师培训不仅可以提供一个平台，让教师分享和展示自己的教学理念和教学实践，还可以通过反馈和评价，让教师感受到自己的教学理念和教学实践得到了尊重。

现实中，由于各种原因，教师的归属需求往往得不到充分满足。例如，教师的专业能力和知识可能由于缺乏有效的评价和认证机制而得不到公正的评价，他们的教学理念和实践可能由于缺乏理解和尊重而遭到忽视或贬低。因此，需要采取一些措施，以满足教师的归属需求。

三、教师培训的知识分析

教师在教育技术能力的提升过程中，应该采用知识管理的理论框架和技术手段，以实现培训资源和培训知识的高效管理。只有通过这种精准的方法，才能确保教师获取最有价值的知识和技能。

（一）知识分析的目的

知识分析的一个核心目标是使知识最大限度地显性化。知识显性化是指将隐性知识转化为易于理解、应用和传播的显性知识的过程。隐性知识是个体在实践中积累的经验，往往难以语言化或数字化，如教师的教学经验、教学技巧等。而显性知识则可以通过语言、文字、图像等形式明确表述，如教学理论、教案模板等。在教师培训过程中，通过知识分析能够理解和提炼出教师的隐性知识，转化为可共享的显性知识，从而提升教师的教育教学能力。

知识分析的另一个目标是实现知识的最大范围共享。知识共享是知识管理的关键环节，它涉及知识的传播、应用和创新。通过知识分析，可以将教师的显性知识进行分类、标签化、索引化，使得这些知识能够在教师群体中得到更广泛的共享和应用。这不仅可以提高教师的教学效率，也能够激发教师的创新思维。

知识分析还旨在促进显性知识与隐性知识之间的互动。显性知识与隐性知识并非孤立存在，二者在教师的教育教学活动中是相互影响、相互促进的。通过知识分析，我们可以发现显性知识与隐性知识之间的关联，提供更丰富、更深入的培训内容，帮助教师提升教育教学能力。

知识分析在教师培训中扮演了重要的角色，其目的是使知识最大限度地显性化，实现知识最大范围的共享，以及促进显性知识与隐性知识的互动，从而提高教师的教育教学能力。

（二）知识的创造与创新

知识的创造与创新是实践活动的关键驱动力。在教师的教育技术能

131

力建设培训中，教师需要充分利用现有信息技术知识，不断地在教育教学实践中应用和发展。这一过程既包括对已有知识的整合和应用，也包括创造新的知识，以实现知识更新和教学信息传递的目的。

在培训与学习过程中，信息技术的应用能够有效促进教师知识的创造。教师可以通过网络资源、在线讨论、虚拟实验室等途径获取新的信息和观点，从而拓展自身的知识体系。此外，信息技术还有助于教师之间的交流与合作，共同探讨教学方法和策略，从而形成创新的教学实践。

知识创新是教师培训的核心目标之一，其重要性在于培养教师的创造性思维和能力。通过开展各种创新性培训活动，教师能够实现自我学习、自我组织、自我控制和自我发展，形成一种新颖的扩展型思维模式。这种思维模式有助于教师在教学实践中挖掘潜在问题，提出有针对性的解决方案，从而不断优化教学过程。

提高教育技术能力的培训为教师提供了有力手段，以实现知识的创造与创新。通过这种培训，教师能够熟练掌握并运用信息技术，将其融入教育教学实践，为学生提供更为丰富和多样的学习体验。教师还能够借助信息技术平台，与同行开展深入合作，共同探索更具创新性的教育路径。

（三）知识的采集与加工

知识的采集和加工是信息时代的核心能力之一，它在教师教育技术能力培训中尤为重要。借助先进的信息技术，教师可以高效地收集、整理、提炼和应用各类知识，从而提升教学质量和效果。

知识采集是知识管理的首要步骤，其目的是从众多信息源中获取有价值的知识。如互联网、数据库、人工智能等现代信息技术，为知识采集提供了强大的技术支持。教师可以通过搜索引擎、在线图书馆、学术论坛等途径获取最新的教育理念、教学方法和学科知识。通过社交媒体和专业社区，教师还可以和同行进行深入交流，共享教学经验和资源。

知识加工则是对采集到的知识进行分类、整理和提炼，以满足具体的教学需求。首先，教师需要对知识进行分类，将相关的知识整合在一起，形成有逻辑的知识体系。其次，教师需要对知识进行深度分析，剥离无关的信息，提炼出核心观点和理论。最后，教师还需要将理论知识转化为实践操作，制定出切实可行的教学策略和方案。

现代信息技术在知识采集和加工过程中发挥了重要作用。然而，技术只是手段，最终的目标是提升教师的教育技术能力，从而提高教学质量。因此，在进行培训内容设计与组织时，必须以教师的实际需求为出发点，充分利用现有的信息技术手段，采集和处理对教师有培训价值的知识。只有这样，才能确保培训活动的有效性，避免盲目和无效的努力。

（四）知识的存储和积累

知识的存储和积累在教师教育技术能力培训中占有重要的地位。信息技术的发展使得知识能够得到有效的保存，并且易于检索和使用，从而避免了重复劳动和资源浪费。

知识的存储首先需要一个适当的平台或系统，如云存储、数据库等，这些平台或系统可以存储大量的信息和知识，同时保证知识的安全性。其次，需要对存储的知识进行整理和分类，形成结构化的知识体系，以便于检索和使用。这个过程可能需要专门的知识管理工具或软件，如元数据标签、知识地图等。

知识的积累则是一个持续的过程，包括对新知识的吸收和对旧知识的更新。每一次培训活动都可能产生新的知识和经验，这些知识需要及时地整合到知识库中。与此同时，随着科技的进步和教育理念的变化，一些过时的知识需要被清理出去，以保证知识库的时效性。

此外，知识的存储和积累还需要一种知识共享的文化。教师需要意识到，他们的知识和经验不仅对自己有价值，也可能对其他人有价值。因此，他们应该乐于分享自己的知识，同时也愿意从他人那里学习。只有这样，知识库才能真正地发挥作用，提升整个教育系统的效率和质量。

（五）知识的传播与使用

知识的传播与使用在教师教育技术能力培训中占有极为重要的地位，它们是推动知识增值，进一步提升教师教育技术能力的关键因素。

知识的其中一个特性就是知识并不具备独占性，也就是说知识的拥有者可以将自己的知识传递给他人，仍然保留原有的知识。在这个过程中，通过互动交流，知识的拥有者甚至还有可能增加自己的知识。这一点使得知识具有了独特的价值，使其可以通过传播和分享而得以增值。

知识的传播依赖于有效的传播渠道。在教师教育技术能力培训中，教师们可以通过培训课程、研讨会、学习共同体等方式来共享和传播知识。而在这个过程中，不仅可以将教师的实践经验和案例进行分享，也可以引导教师进行深入的讨论和反思，从而达到知识的增值。

知识的使用则更加强调知识的实践性。对于教师来说，他们需要将所学的知识应用到实际的教学活动中，通过实践去验证和改进自己的知识。在这个过程中，教师不仅可以提升自己的教育技术能力，也可以创造出新的知识，为整个教育共同体带来价值。

（六）知识的价值与升值

知识经济的时代已经到来，知识成为一种重要的经济资源，它的价值和增值在于它的创新性和实用性。知识在被创造和积累之后，如果不能被有效地应用和传播，那么它的价值就无法得到体现。反之，只有将知识有效地应用到实际工作中，它才能成为推动个人和社会发展的重要动力，并实现其价值的增值。

在教师教育技术能力培训中，知识的价值和增值体现得尤为明显。首先，教师通过培训获取的知识，不仅可以提升他们的教学技能，也能丰富他们的教育理念，从而提高教学质量，为学生提供更好的教育服务。这就实现了知识的价值。其次，通过将所学的知识应用到实际教学中，教师不仅可以验证和改进自己的知识，还可以创造出新的知识，为教育共同体带来更大的价值。这就实现了知识的增值。

四、教师培训的周期分析

教师的培训周期主要分成五个阶段。教师培训的周期如图 5-1 所示。

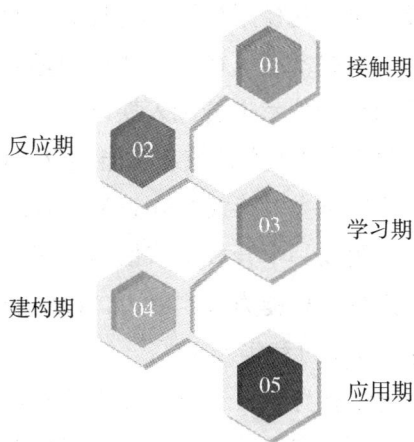

图 5-1　教师培训的周期

（一）接触期

教师培训的接触期是教师学习新知识和新技术的关键阶段，这个阶段主要体现在教师对新知识、新技术、新观点、新技能和新媒体的初次接触和认知。

在接触期，教师的好奇心和兴趣成为推动学习的重要动力。教师可能通过多种方式接触到新知识和新技术，如阅读专业书籍、参加教育研讨会、观看教育视频、通过网络搜索等。新知识和新技术往往会带来新的教学思路和方法，对教师来说，这是一种挑战，也是一种机遇。

接触期的主要任务是激发教师的学习兴趣和动力，让教师产生学习新知识和新技术的欲望。这个阶段可能会涉及大量的信息收集和筛选，需要教师具备一定的信息处理能力。同时，接触期也是教师对新知识和新技术产生初步认知的阶段，对于复杂和深奥的新知识和新技术，教师可能需要花费更多的时间和精力来理解和掌握。

（二）反应期

教师培训的反应期是在接触期之后的关键阶段，这个阶段主要体现在教师对新知识和新技术的认知深化，以及对其价值和适用性的评估。

反应期在培训过程中起到桥梁作用，连接着接触期和学习期。在接触期，教师对新知识、新技术有了初步的认识和理解。而在反应期，教师则需要对这些新的知识和技术进行深入探讨和思考，通过更细致的观察，分析其对自己教学工作的潜在价值和可能的应用场景。

教师需要以批判性思维去对待新的知识和技术。这并不是说要对其进行质疑或否定，而是要以一个开放但审慎的态度去理解和判断。这个阶段需要教师具备较强的分析能力和判断力，以便能够正确评估新知识和新技术是否值得进一步学习和实践。

反应期也是教师调整自身学习态度和方法的时期。教师需要根据新知识和新技术的特性，调整自己的学习策略，以更有效地吸收和掌握新知识和新技术。如果教师在反应期能够做好以上的准备工作，那么在进入下一阶段后，他们将能够更快速、更深入的学习和掌握新的知识和技术。

（三）学习期

教师培训的学习期是另一个关键阶段，这个阶段的主要特征是教师对新知识和新技术的深入研究和理解。在这个阶段，教师通过持续的学习和实践，将新的知识和技术内化为自身的能力和素养。

在学习期，教师需要以积极的态度和方法去深入了解和掌握新知识和新技术。这涉及大量的阅读、研究、实践和反思。教师需要利用各种资源来获取新知识和新技术的相关信息。同时，他们也需要通过实践活动，如模拟教学、案例分析、项目设计等，来将理论知识转化为实际操作技能。

学习期间也是一个反复比较和判断的过程。教师需要将新的知识和技术与自身已有的知识和技术进行对比，通过深入的思考和实践，理解新知识和新技术的优势和适用场景。同时，他们也需要在指导教师的指导下，对自己的学习过程和成果进行反思和评价，以确保自己的学习质量和学习进度。

学习期间还要求教师有持续学习和自我更新的意识。教师需要明白，学习是一个持续的过程，新的知识和技术会不断出现。因此，他们需要培养自身的学习能力和习惯，以适应不断变化的教育环境。

（四）建构期

在教师培训的周期中，建构期是一个非常重要的阶段。在此阶段，教师将新学到的知识和技能与原有的知识和技能相连接，总结归纳学到的东西，并在此过程中形成自己独特的知识体系和技能熟练度。

建构期的核心是"连接"。教师需要将新获取的知识和技能与自身原有的知识和技能相融合，提升自己的见解和知识水平。这种过程往往涉及对新知识和技能的再思考、重新解释，以及将其与现有知识和技能进行关联。这个过程可能会涉及一些挑战，因为新知识或技能可能会颠覆或改变教师之前的理解或习惯。然而，这种挑战同时也是学习的机会，因为它推动教师从新的角度看待问题，从而拓宽视野，深化理解。

建构期的另一个重要任务是"总结归纳"。在这个过程中，教师需要整理自己的学习过程，挖掘和记录重要的学习点，将散乱的知识点和技能组织成系统的知识体系和技能模型。这个过程可以帮助教师清晰地理解自己的学习成果，强化自己的知识管理和自我指导学习的能力。

建构期也是教师形成和提升自己的知识能力的阶段。通过将新的知识和技能与现有的知识和技能相结合，教师不仅可以扩展自己的知识储备，提高自己的技能水平，而且可以提出新的教学策略和方法，进而提升自己的教学效果。

（五）应用期

教师培训的应用期是一个关键的阶段，它涉及将新学习的知识和技能应用于实际的教学环境中。在此阶段，知识和技能的实际应用，以及从应用中得到的经验和反馈，可以进一步加深教师对新知识和技能的理解，增强他们的专业能力。

在应用期，教师需要将新学习的知识和技能应用于实际的教学活动中，包括课程设计、教学策略、评估方法等。这种实际应用不仅可以帮助教师检验他们在培训中学到的知识和技能的实际效果，还可以使他们更深入地理解这些知识和技能的意义和价值。此外，这种实际应用还可以帮助教师将理论知识转化为实践能力，从而提升他们的教学效果。

在将新知识和技能应用于实际教学中时，教师可能会遇到各种问题和挑战，如何将新的教学方法与现有的教学计划相结合，如何处理新的教学策略可能引起的学生反应等。这些问题和挑战需要教师在实践中不断地反思和调整，从而进一步提升自己的知识和技能。

应用期也是教师进入新一轮学习和培训的起点。在应用新知识和技能的过程中，教师可能会发现新的问题和需求，这可能会引发他们对新的知识和技能的探索和学习。因此，教师的培训过程实际上是一个从接触期到反应期，再到学习期和建构期，最后到应用期的不断循环和上升的过程。

五、教师教育技术能力培训的体系分析

教师教育技术能力的培训是一个系统工程，其涉及的因素多样，包括教师的个体差异、学校的教育环境、教育政策的导向、培训内容和方法的选择等。理解这些因素之间的联系性、动态性、整体性和最优性对于把握整个培训过程并使其产生最佳动力和效果至关重要。

（一）培训目标的确立

教师培训目标的确立是一个至关重要的过程，它引导并规范了整个培训过程，决定了培训的具体内容和方式。在信息化社会，教师教育技术能力培训的目标主要集中在三个方面：现代教育观念的树立、教育技术知识结构的掌握和教育技术的应用能力的提升。

1.现代教育观念的树立

树立现代教育观念是教师教育技术能力培训的首要目标。随着信息化社会的发展，教育的性质已经发生了深刻的变化，终身教育、开放教育和全面教育成为新的教育理念。在这种背景下，教师不再仅仅是知识

的传递者，更应该成为学生学习的帮助者和指导者。这就要求教师具备引导学生获取、分析、加工、利用信息的能力，培养学生的信息素养。而这些能力和素养的培养，需要教师首先转变自己的教育教学观念，树立现代的教育观念，增强自己的信息意识，并充分认识到利用教育技术改革传统课堂的重要性。

2.教育技术知识结构的掌握

掌握教育技术知识结构是教师教育技术能力培训的重要目标。随着信息技术的发展，教育技术的知识结构也在不断更新和发展。教师需要掌握教育技术基本知识，了解各种教育技术工具，熟悉学校的软硬件环境，以便在教学设计理论的指导下，科学地、优化地进行教学活动。而这就需要通过教育技术培训，弥补教师在信息领域的知识缺口，提高他们的教育技术知识掌握水平。

3.教育技术的应用能力的提升

提升教育技术的应用能力是教师教育技术能力培训的关键目标。在信息化社会，教师需要具备一定的计算机、网络等现代媒体的使用能力，具备课件制作能力，能够运用信息技术开展教学活动。这就要求教师能将信息技术有效地整合到教学中，积极探索信息技术在教学中的作用，并切实提高课堂的效率和效果。这种能力的提升需要通过系统的教育技术培训来实现，改变教师教育技术应用能力较弱的现状。

教师不仅需要使用信息技术作为教学的手段、工具和资源，同时还需要引导学生用信息技术解决实际问题，使学生在实践中获得分析问题、解决问题的能力。这是教育技术应用能力的深层含义，也是教师教育技术能力培训的最终目标。

（二）培训内容的确定

教师教育技术能力的培训内容的确定是一个复杂且重要的过程。过去，教师培训的重点往往集中在技术本身的掌握，而忽视了技术在课程和教学中的整合。然而，当前的研究和实践已经表明，技术的教学应用并不是自然而然发生的，而是需要通过有意识的培训和指导来实现。因此，需要重新审视教师的教育技术能力培训的内容，以确保它能更好地满足教师的实际需要。

培训内容需要与教师的学科和发展紧密联系。教师的教育技术能力并不是孤立的，而是与他们的学科知识和教学技巧紧密相关的。因此，培训内容需要结合教师的学科特点和教学需求，以提供最具针对性的技术支持。

培训内容需要强调技术在课程和教学中的整合。这意味着，我们不仅要教授教师如何使用技术，还要教授他们如何将技术有效地融入教学活动中，以提高教学的效率和效果。

培训内容需要融入培训过程中。这意味着，需要通过实际的教学示范和实践活动，让教师在培训过程中就能体验到技术的教学应用，从而提高他们的应用能力和信心。

培训内容的确定还需要根据教师的教育技术能力发展情况进行调整。通过系统地测试教师的能力，可以了解他们的能力强弱和发展需要，从而选择最适合他们的培训内容。

（三）培训方式的选择

教师教育技术能力的培训方式的选择是一个重要的决策过程，根据教师的具体需求、情境和条件进行选择。目前，主要的培训方式有面对面的短期培训、远程的网络培训以及两者结合的基于岗位和培训系群的培训。这三种方式各有其优势和局限性，选择时需要综合考虑。

面对面的短期培训通常是集中时间、集中地点进行的，这种方式的优势在于可以直接交流、互动，培训者可以及时解答教师的问题，教师也可以通过实践活动加深理解。然而，这种方式的局限性在于对时间和地点的要求很高，可能会影响教师的参与度。

远程的网络培训则打破了时间和地点的限制，教师可以根据自己的节奏和时间安排进行学习。网络培训可以提供丰富的学习资源，支持自主学习，但也可能由于缺乏面对面的交流和指导，导致学习的效果不佳。

基于岗位的培训是一种综合的方式，它结合了面对面的短期培训和远程的网络培训的优点。教师在面对面的短期培训中获取基础知识和技能，然后在网络环境中进行深化学习和实践。这种方式可以满足教师的个性化学习需求，同时也能确保培训的质量。

选择培训方式时，要坚持理论联系实际，与教师的具体学科相结合，不能"一刀切"。不同的教师可能有不同的学习风格和需求，需要对每位教师进行个体化的培训，以确保他们能有效地掌握和应用教育技术。

（四）培训模式体系的设计

培训体系的设计是一个精细而又复杂的过程，它不仅涉及教育理念的体现，还需要考虑实际操作的可行性。一个完整的培训体系应由培训目标体系、课程体系、管理体系和评价体系四部分构成。以下是这四部分的详细阐述。

（一）培训目标体系

培训目标体系的设计应是动态和开放的。在这一体系中，培训目标的设定既需要教师的专业指导，也要允许学员根据个人情况自主制定。这种个性化的设定方式可以使每个学员都能在培训中找到自己的位置和努力方向。同时，目标设定还要具有反馈调节机制，以便根据学员的实际学习水平和情况进行动态调整，保证每个学员都能以最适合自己的方式进行学习。

（二）课程体系

课程体系的设计应强调理论与实践的结合。这意味着教师不仅要提供理论知识的学习，还要给学生提供实践操作的机会。为了实现这一目标，教师可以采用任务驱动的方式，让学员在完成任务的过程中学习和掌握相关知识。教材体系和教学设计也要以此为基础，保证学员在学习过程中能够获得全面和深入的理论与实践知识。

（三）管理体系

管理体系的设计应保证培训的高效运行。这需要将对培训对象的管理和工作业务的管理有效结合起来。具体来说，需要建立一套规范的管理制度和流程，保证学员能够在一个良好的学习环境中进行学习。同时，也要关注每个学员的学习进度和情况，对存在的问题进行及时调整和解决。

（四）评价体系

评价体系的设计应实现综合有效的评价。在这一体系中，我们不仅要考虑教师的专业评价，还要充分利用学员的自我评价、小组评价和班级总结评价。这种多元化的评价方式可以使教师从多个角度了解学员的学习情况，从而进行更为精确的评估。除此之外，还要充分发挥反馈调节机制的作用，以实现过程性评价和总结性评价的有效结合。

第二节　联结主义学习模型的启示

一、联结主义学习模型

（一）联结主义的发展历程

联结主义，也被称为神经网络模型，是人工智能领域的一个重要分支，它试图通过对大脑神经元工作机制的模拟，实现机器的学习和思考。它的发展历程可以追溯到 20 世纪 40 年代，并在之后的时间里不断丰富和完善。

1943 年，麦克洛奇和匹茨首次提出了神经网络模型的基本原理，这个模型现在被称为 MP 模型。MP 模型将神经元视为一个二值输出的逻辑门，当输入信号的总和超过某个阈值时，神经元就会被激活并产生输出。这是对大脑神经元工作原理进行总结的第一个简化模型，它启发了后来对神经网络的进一步研究，

1949 年，赫布提出了著名的 Hebb 学习法则。简单地说，如果两个神经元同时被激活，那么它们之间的连接强度就会增加。这个原理为神经网络的学习算法奠定了基础。[①]

1958 年，罗森布拉特提出了第一个真正意义上的人工神经网络模型，即感知器模型。感知器模型引入了权重和偏置的概念，并提出了一种简单的学习算法，使得模型能够根据输入和期望的输出自我调整。[②] 这个模型虽然只能处理线性可分问题，但是它的出现无疑是一个重大的突破。

然而，这个初步的成功并没有持续下去。1969 年，明斯基和佩帕特在他们的著作《感知器》中指出了感知器的局限性，即它无法处理一些简单的非线性问题。这个发现使得神经网络的研究一度进入了寒冬。

幸运的是，20 世纪 80 年代初，联结主义得到了复兴。在 1986 年，瑞麦哈特和麦克兰德出版了《并行分布加工：认知结构的微观探索》一书，其中提出了多层神经网络的反向传播学习算法，解决了多层神经网络的学习问题，这个算法允许网络自我调整并最小化预测误差。这不仅证明了多层神经网络的计算能力并不像明斯基和佩帕特预测的那样有限，而且它能够处理许多复杂的学习任务，解决许多非线性问题。这是人工神经网络的又一次重大突破。

接下来的几年里，联结主义的研究进一步深入。1985 年，McClelland 等人提出了自动联系者模型，用来解释模式识别的原型化、分类记忆中范例信息的作用以及记忆表征的抗干扰性问题。1986 年，瑞麦哈特等人进一步改进了反向传播算法，解决了多层神经网络在算法上的核心障碍，使得多层神经网络能用于解释问题解决、言语识别、单词发声等。1990 年，埃尔曼提出了简单循环网络，将神经网络模型的应用领域拓展到了序列刺激上，这一创新开启了神经网络在自然语言处理等领域的广泛应用。

---

① 郭本禹.当代心理学的新进展[M].济南：山东教育出版社,2003：95.
② 郭秀艳,朱磊,魏知超.内隐学习的人工神经网络模型[J]心理科学进展,2006（6）：837-843.

即使是取得这些进步之后，仍然需要承认，神经网络模型依然存在许多问题和挑战。例如，虽然反向传播算法已经在很大程度上解决了多层神经网络的学习问题，但是，如何选择合适的网络结构、如何处理过拟合问题、如何提高模型的解释性，这些问题仍然是研究的热点。[①]此外，随着深度学习技术的快速发展，神经网络模型也在不断地向更复杂、更深层的方向发展，如深度神经网络、卷积神经网络、循环神经网络等。

（二）联结主义模型的含义

联结主义模型，也被称为神经网络模型或并行分布式处理模型，它是一种尝试模拟大脑神经网络行为的计算模型。这种模型的基本构成由两个主要部分组成，即单元和联结。

单元，也被称为神经元，是这种模型的基本处理单元。每个单元都有一个活性值，这个值是它的输入信号的加权和。换句话说，一个单元的活性值就是它所接收到的所有输入信号的权重之和。在大多数情况下，每个单元的活性值都被限制在一个范围内，如从 0 到 1。这个范围称为激活阈值。如果一个单元的活性值超过了这个阈值，那么它就会被激活，产生输出信号；否则，它就会保持静默。

联结是单元之间的连接，它是这种模型中信号传递的路径。每个联结都有一个权重，这个权重决定了它所连接的两个单元之间信号的传递强度。权重可以是正的，也可以是负的。如果一个联结的权重是正的，那么它就是兴奋联结，当这种联结的源单元被激活时，它会增加目标单元的活性值；如果一个联结的权重是负的，那么它就是抑制联结，当这种联结的源单元被激活时，它会减少目标单元的活性值。

这些单元和联结按照一定的方式组成了一个网络。这个网络可以有不同的结构和层次，比如，它可以是全连接的，也可以是部分连接的；它可以只有一层，也可以有多层。在多层的神经网络中，通常把最底层称为输入层，这一层的单元接收外部的输入信号；把最顶层称为输出层，

这一层的单元产生网络的输出信号；在输入层和输出层之间的层次称之为隐含层，这些层次的单元处理来自输入层的信号，并将处理结果传递给输出层。

（三）联结主义模型的基本特征

1.联结主义网络具有平行结构和平行处理机制

联结主义网络，最关键的特性之一就是平行结构和平行处理机制。这一特性源于人脑神经元的工作方式，使得神经网络在处理大量数据时具有非常高的效率。

平行结构意味着在神经网络中，大量的神经元（或称为节点、单元）并行排列，每个神经元都与其他神经元通过连接（或称为权重）相互联系。这种网络结构使得神经网络可以同时处理大量的输入信息，而不是像传统的串行计算模型那样逐一处理。

平行处理机制是指神经网络中的每一个神经元都可以同时进行计算和信号传输。在神经网络中，所有的神经元都是同时被激活的。一旦输入信号被提供给网络，每个神经元都会根据自身的权重计算其活性值，并将结果传递给下一层的神经元。这种并行的计算方式极大地提高了神经网络的计算效率。

例如，在隐含层中，大量的神经元存储了大量的"原型"或模式，当输入信号提供给网络时，这些神经元会立刻被激活，同时在所有存储的模式中寻找与输入信号相匹配的模式，然后迅速作出反应。这种同时处理大量信息的能力，使得神经网络在面对复杂问题，如模式识别、自然语言处理等领域，具有显著的优势。

总之，联结主义网络的平行结构和平行处理机制，使其在处理复杂问题和大规模数据时，能展现出强大的性能。这也是联结主义网络能够在机器学习和人工智能等领域取得重要应用的关键因素之一。

2.联结主义网络以分布式表征来表征知识

在传统的符号加工系统中，信息或知识被存储在特定的位置或单元中，这种方式被称为局部性或内容寻址的方式。然而，联结主义网络中的知识表征方式则有所不同。

在联结主义网络中，知识不是储存在特定的单元中，而是分布在整个网络中。这种方式被称为分布式表征。具体来说，知识被编码为神经元之间的连接权重。当网络接收到输入时，这些权重会决定信号在网络中的传播方式，从而导致网络在输出层产生特定的反应。通过这种方式，知识被嵌入到了整个网络的结构中。

分布式表征有几个显著的优点。第一，由于知识是分布在整个网络中，而不是局限在单个单元中，因此网络可以同时处理多重约束。这使得神经网络可以处理复杂的、非线性的问题，这是传统的符号加工系统难以完成的。第二，分布式表征可以节约大量的单元。在传统的符号加工系统中，每个单元只能存储一种信息或知识。但在联结主义网络中，每个单元可以参与多个不同的知识的表征，因此可以用更少的单元来表征更多的知识。第三，分布式表征的加工速度快。由于知识被嵌入整个网络的结构中，因此网络可以同时处理多个问题，这大大提高了处理速度。

联结主义网络通过分布式表征的方式，实现了对知识的高效、灵活和强大的表征。这是它在处理复杂问题，如模式识别、自然语言处理等，展现出优越性能的重要原因。

3.联结主义网络具有连续性和亚符号性的特征

在传统的符号加工理论中，高级概念被离散的物理符号所表征，这些符号对应的是已经结晶化的知识，例如单词、数字等。然而，联结主义网络的工作原理和这种方式截然不同。

联结主义网络强调模拟运算的连续性和信息表征的亚符号性。连续性的模拟运算意味着联结主义网络在处理信息时，不是单一的离散步骤，而是连续的过程。这种连续性体现在神经元活性值的计算，权重的更新，以及信息在网络中的传播过程中。这使得联结主义网络能够处理复杂的、非线性的问题，这是传统的符号加工理论难以完成的。

亚符号性是指联结主义网络中的单元活性，这种活性代表了一种直觉经验以及尚未用语言表达出来的概念，即"亚概念"。这种亚概念水平位于神经元水平和概念水平之间，亚概念没有具体的符号化表达，而是通过神经元之间的连接权重来表征。这种亚符号的表征方式使得神经网络能够模拟人类的直观感知和未经形式化的认识过程，这也是传统的符号加工理论无法实现的。

联结主义网络的连续性和亚符号性特征，使其能够以更接近人脑工作方式的形式来处理和表征信息。这些特性使得神经网络在处理复杂的、非线性的问题时，如模式识别、自然语言处理等，展现出优越性能。

4.联结主义网络具有很强的容错性

联结主义网络的一个显著特性是其强大的容错性，这一特性与人脑神经系统的容错性有着显著的相似性。在人脑中，即使某些神经细胞自然死亡或者由于疾病和伤害导致大脑部分损伤，大脑的总体功能并不会受到明显影响。这是因为大脑中的知识并不是储存在单个神经元中，而是存储在大量神经元之间的连接强度上。因此，即使部分神经元受损，只要其余的神经元还在，大脑就可以通过调整剩余神经元之间的连接强度来保持其功能。

联结主义网络的容错性同样源自其知识存储方式。在这种网络中，知识也不是存储在单个神经元中，而是存储在网络中所有神经元之间的连接权重中。因此，即使某些神经元出现故障或者被删除，只要剩余的神经元数量足够，网络依然可以正常工作。这是因为网络可以通过调整剩余神经元之间的连接权重，来补偿失去的神经元。

但是，联结主义网络的容错性并不是无限的。如果丢失的神经元数量过多，网络可能无法通过调整剩余神经元的连接权重来完全补偿这种损失，导致网络输出的结果出现偏差。因此，尽管联结主义网络具有强大的容错性，但仍需要对网络中的神经元进行适当的维护和保护，以保证其正常运行。

联结主义网络的容错性，使其能够在面对神经元损失或故障时，仍然能够维持稳定地运行和准确的输出，这种特性使其在处理实际问题时具有很强的鲁棒性和可靠性。

二、联结主义学习模型对教师培训的启示

（一）联结主义学习模型的阶段

联结主义学习模型的工作过程可以理解为一个信息处理和转化的过程，这一过程一般可以分为两个主要阶段，分别是学习阶段和联想阶段。

1.学习阶段（训练阶段）

联结主义学习阶段是神经网络模型对输入数据进行学习和理解的过程，其主要目标是通过调整网络中各连接权重，以便更好地从输入数据中提取有用的特征。这个阶段通常被分为有导师的学习和无导师的学习两种主要类型。

有导师的学习，也被称为监督学习，是神经网络学习中最常见的形式。在这种学习方式中，网络被提供了一组输入数据和相应的目标输出数据。通过比较网络的实际输出与目标输出，网络会自我调整以减小这两者之间的差距。这种学习过程就像一个老师在指导学生学习一样，不断提供反馈信息，帮助学生纠正错误，直到错误减小到可接受的程度。在这个过程中，神经网络模型逐渐学会如何处理输入数据以达到预期的输出结果。

无导师的学习，也被称为无监督学习，不提供目标输出数据。在这种学习方式中，网络需要自我探索并调整输出以更好地理解输入数据。这种学习方式可以被比喻为学生在没有老师指导的情况下，通过自己的观察和理解来学习和掌握知识。无监督学习主要用于数据分类和异常检测等任务。

2.联想阶段（检验阶段）

在学习阶段结束后，模型进入联想阶段。在这个阶段，模型将利用在学习阶段中获得的知识，对新的输入数据进行处理和预测。由于已经学习了输入数据的特征，模型可以将新的输入数据与已经学习过的类似

数据进行比较，从而做出预测。这个阶段的主要目标是验证模型的学习效果，以及模型对新数据的处理能力。

这两个阶段相互补充，共同构成了联结主义模型的工作过程。学习阶段使模型具备了处理和理解数据的能力，而联想阶段则检验了这种能力，并使模型能够处理未曾见过的新数据。

（二）联结主义模型对教师培训的启示

联结主义模型对教师培训的启示主要分为以下五点。联结主义模型启示如图 5-2 所示。

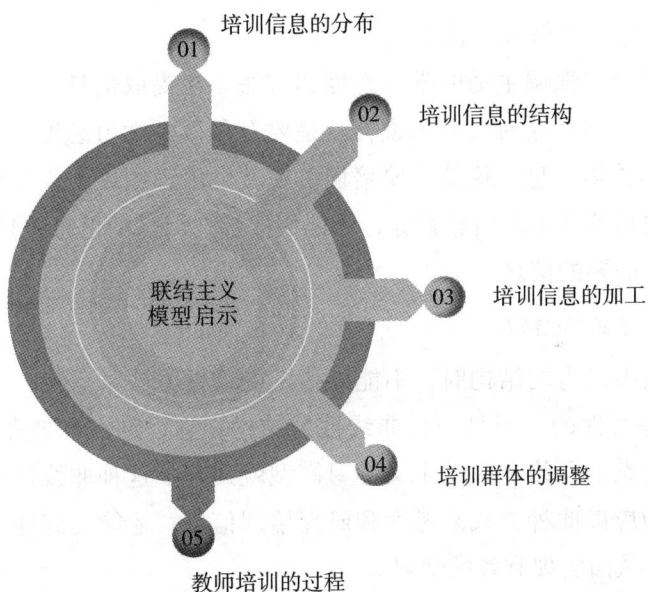

图 5-2 联结主义模型启示

1.培训信息的分布

在当今信息爆炸的时代，教育技术已经成为教师教学能力的重要组成部分。如何有效地获取并运用教育技术，成为教师专业发展的一大挑战。这就需要从教师的培训环节下手，帮助他们了解和掌握如何在分散的教学环节和环境中，找寻并利用教育技术。

教师培训应重视信息的分布。在联结主义模型中，信息并不是存储在一个单一的地方，而是分布在各个神经元之间的联结权重中。这意味着教师需要学会从大量的教学信息、教学环境、教学需求中找寻自己需要的内容。为此，教师培训应该强调教育技术的分布性和多样性，让教师明白信息并不是集中在一处，而是分散在各个教学环节和环境里的。

教师培训应该提供多种学习渠道。由于教育技术的信息分散在各种教学环节和环境中，教师需要通过检索大量的资源和通过多种渠道才能获得较为全面的信息。这就需要在设计教师培训时，应提供多元化的学习资源，如网络课程、教育软件、实地考察等，让教师能够从不同的角度和途径获取和理解教育技术。

教师培训应强调主动的学习态度和方法。在提取信息时，需要给模型一个激励信号。这对教师来说，就是要有积极的学习态度，主动去发现、联想和检索信息。这就需要培训者在教师培训中，不仅要传授技术知识，还要培养教师的信息素养，让他们能够在海量的信息中独立思考，找到自己所需要的信息。

2.培训信息的结构

谈论教师能力的结构时，不能以传统的线性方式来看待。教师的能力结构不是线性的，而是一种非线性的结构，它以结点和链条为基础，构成一个复杂的网络。联结主义学习模型就强调了这种非线性结构的重要性，认为应以此种方式来考察和研究培训信息，才能更好地掌握其结构与状态，从而实现有效的学习。

在这种模型中，教育信息被视为多元的，分布在各个结点上，通过链条相互连接，形成一个复杂的网络。教师在进行学习时，需要明白知识和信息的非线性。知识不是孤立存在，而是互相影响，共同构成一个整体。这要求教师能够在学习过程中，把握信息的整体性，看到各个部分之间的联系，而不仅仅是局部的信息。

教师在利用网络学习或利用媒体进行学习时，需要注意信息的非线性结构。他们需要学会如何从众多的信息中，找到自己需要的部分，把各种元素如文本、图像、声音和视频等综合起来，形成自己的知识体系。

在这个过程中，信息秩序的清晰而简洁尤为重要，这有助于教师快速地理解和掌握信息，从而提高学习效率。

教师也需要学会如何创造和利用这种非线性的结构。他们可以利用数字工具，如社交媒体、博客、在线论坛等，来建立自己的学习网络。这样，他们不仅可以获取更多的信息和资源，还可以与其他教师交流和分享，从而更好地提高自己的教学能力。

3.培训信息的加工

在联结主义学习模型中，各结点之间的联结呈现出并行的网状结构，这是一种并行分布的信息加工模式。这种模型的特点在于，每一个神经元都能接收大量相邻神经元的刺激信息，最后汇成一个信息输出。将这一理念应用在教师的学习与培训中，可以看到它与教师组成的学习共同体有着显著的相似性。

教师在网络环境下，可以像神经元一样，接收来自各方的信息刺激，这些信息来自不同的学习资源，如教育技术、教学方法、同行的经验分享等。这些信息，经过教师自身的加工，最后汇集成教师的知识与能力，形成教师的认知输出。

具体来看，教师在培训中或网络学习过程中，首先需要接收大量的信息。这些信息可能来自不同的教育理论、教学策略、教育工具等，教师需要通过研读、观看、听讲等方式获取这些信息。

其次，教师需要对这些信息进行加工。这个过程可能包括对信息的理解、思考、反思、批判等。教师可能需要将新的信息与自己原有的知识和经验进行比较、结合，形成自己的理解和观点。这个过程可能需要时间，也可能需要通过讨论、实践等方式来完成。

教师会形成自己的认知输出。这可能是一种新的教学理念、一种新的教学策略、一个新的教学设计等。这种输出不仅能够应用到教师自身的教学中，也可以通过网络分享给其他教师，进一步丰富教师学习共同体的知识库。

4.培训群体的调整

在联结主义学习模型中,各神经元之间的联结是可塑的,它们在学习过程中会不断调整和变化,表现出强大的自我组织、自适应、自学习的特性。这种理念同样适用于教师能力培养的过程。教师群体在面对不断变化的教育环境和需求时,也需要具有高度的自我调整能力。

教师群体是由多个教师组成的,他们在统一的能力建设的需求下,会形成许多相互联系、相互协调的子结构,进行着各自领域的能力建设。这些子结构可能根据教师的专业领域、教学对象、教学环境等因素有所不同。例如,某些教师可能更关注教育技术的应用,而另一些教师可能更注重课程设计的创新。

为了满足教师不断提高的能力需求,教师培训网络必须具备自我调整的能力。这表现为要根据教师的反馈和学习成果,及时调整培训内容和方式,确保培训内容的实用性和针对性。例如,如果发现某个培训项目的效果不佳,就需要及时进行调整,可能是改变培训内容,也可能是改变培训方法。

教师培训网络也需要具备自我更新的能力。教育环境和技术的快速变化,要求教师不断地学习新的知识和技能。因此,教师培训网络需要定期更新培训内容,引入新的教育理念和技术,以满足教师的发展需求。

5.教师培训的过程

教师的能力培训是一个复杂且需要个体化的过程。同样地,它也可以从联结主义学习模型的角度来理解和设计。在这个模型中,学习过程是由神经元间的连接权重变化来实现的。类似的,教师的能力也可以通过有导师的学习和无导师的学习,通过不断地实践和反馈,来改变他们的教学理念和技能。

在有导师的学习中,导师可以指导教师学习教育技术技能,他们可以对教师的疑问提供明确的指导,给出反馈,帮助教师快速掌握所需的技能。此外,导师还可以鼓励教师发展个人教学风格,引导他们解决实际的教学问题。

无导师的学习，或者说自主学习，是教师培训的另一重要组成部分。在这个过程中，教师需要自我驱动，寻找和掌握新的教育技术。教师需要在实践中学习，通过试错，通过反思，通过研究最新的教育理论，来提高他们的教学能力。

在设计教师的培训过程时，需要考虑到每个教师的特点和需求。这可能需要提供多种类型的培训内容，以适应教师的不同需求。例如，对于新手教师，他们可能需要更多的指导和反馈；对于有经验的教师，他们可能更需要的是关于最新教育理论和技术的学习资源。

另外，还需要考虑到信息输入和输出的情况。教师在培训过程中，他们需要接收大量的新信息，这可能包括新的教育理念，新的教育技术，新的教学策略等。同时，他们也需要将这些信息转化为实际的教学行为，这可能需要他们进行教学设计，进行教学实践和教学反思等。

第三节 小学教师专业培训模型架构

一、基于课程的小学教师专业培训模式

（一）基于课程的小学教师自学培训模式概述

在当今的教育环境中，教师的专业发展需要不断地自我学习和更新。基于课程的自主学习模式就是一个有效的解决方案。在这种模式下，教师在课程的选择、学习的路径、时间管理、学习过程的监控和反思中都有极高的自主权。同时，现代化技术支持下的教师学习环境为教师的自主学习提供了强大的支持和便利。

基于课程的自主学习模式尊重教师的个性化需求。每个教师的教学背景、教学风格和教学需求都是不同的。因此，他们需要的课程、学习方式和学习节奏也会有所不同。在这种模式下，教师可以根据自己的需求和兴趣，自主选择合适的课程和学习方式，激发他们的学习动机。

技术支持的教师学习环境为教师的自主学习提供了丰富的学习资源。教师可以通过这个环境，获取到最新的教育理论、教学策略和教育技术。教师可以在这个环境中，创建自己的学习社区，与其他教师交流经验，共同解决问题。他们也可以在这个环境中提出自己的问题，获取到及时的反馈和评价，进而调整自己的学习策略。

基于课程的自主学习模式也面临着一些挑战。由于教师在学习过程中有很高的自主权，他们需要有较强的自我管理能力，才能有效地进行学习。他们需要能够自我驱动，自我监控，自我反思。此外，由于现代化技术支持的学习环境中有大量的信息资源，教师可能会面临信息过载的问题。他们需要有能力筛选出对自己有用的信息，避免被无关的信息干扰。

基于课程的自主学习模式是一种新颖且有潜力的教师专业发展模式。它可以满足教师的个性化需求，提供丰富的学习资源，提高教师的学习效率。然而，它也需要教师具有较强的自我管理能力，才能充分发挥其作用。因此，在实施这种模式时，需要给予教师足够的支持，帮助他们提高自我管理能力，适应这种新的学习模式。

在实践中，可以采用以下几种方式来提高教师的自主学习能力。首先，可以通过培训和指导，教会教师如何有效地利用技术支持的学习环境。例如，可以教会他们如何搜索和筛选信息，如何创建和管理学习社区，如何获取和处理反馈。其次，可以通过定期的评估和反馈，帮助教师监控自己的学习进度，调整自己的学习策略。最后，可以通过提供各种自我管理工具，如时间管理工具，任务管理工具，学习笔记工具等，帮助教师更好地管理自己的学习过程。

需要注意，基于课程的自主学习模式并不适合所有的教师。对于一些缺乏自我管理能力的教师，或者对技术使用不熟练的教师，可能需要采用更传统的、有指导的学习模式。因此，在设计和实施教师专业发展计划时，需要考虑到教师的个体差异，采用多元化的学习模式，以满足不同教师的需求。

基于课程的自主学习模式为教师的专业发展提供了新的可能。它尊重教师的个性化需求，利用技术提供丰富的学习资源和便利，激发教师的学习动机，提高教师的学习效率。然而，它也对教师的自我管理能力有较高的要求。因此，在实施这种模式时，我们需要提供足够的支持，帮助教师提高自我管理能力，适应这种新的学习模式。

（二）基于课程的小学教师自学培训实践探索

教师可以通过登录"上海市教师教育管理平台"，浏览多门教师培训课程，根据自己的职业发展需求，教学水平，教学对象，教学科目等多个因素，自主选择适合自己的课程。这些课程涵盖了各个学科领域，既有基础性的教学技能培训，也有针对性的教育技术应用、教学设计创新等高级课程。这种课程选择的自由度，使得教师可以根据自己的实际需求和能力水平，选择最合适自己的学习路径。

教师在平台上可以与其他教师交流，形成学习共同体。他们可以分享学习经验，讨论教学问题，合作完成任务，互相支持和鼓励，从而形成互动式学习和协作学习的环境。这种学习共同体不仅可以增强教师的学习动机，也可以帮助他们更好地理解和应用所学知识。

教师通过使用平台提供的各种学习工具，如在线阅读工具，视频学习工具，互动讨论工具等，进行自我学习。他们可以在任何时间，任何地点进行学习，使得学习更具灵活性和个性化。

教师可以通过平台的学习评价功能，对自己的学习过程和结果进行自我评价。他们可以反思自己的学习策略，调整学习计划，提高学习效果。同时，他们也可以获得其他教师和专家的反馈和建议，以进一步改进自己的学习方法。

总的来说，"上海市教师教育管理平台"利用技术的优势，实现了教师培训的自主性和个性化，提高了教师培训的效率和质量，推动了教师培训领域的变革。然而，这种模式也对教师的自我管理能力和技术使用能力提出了较高的要求，因此在实施过程中需要给予教师充分的指导和支持。教师通过该平台进行自主学习的过程如图5-3所示。

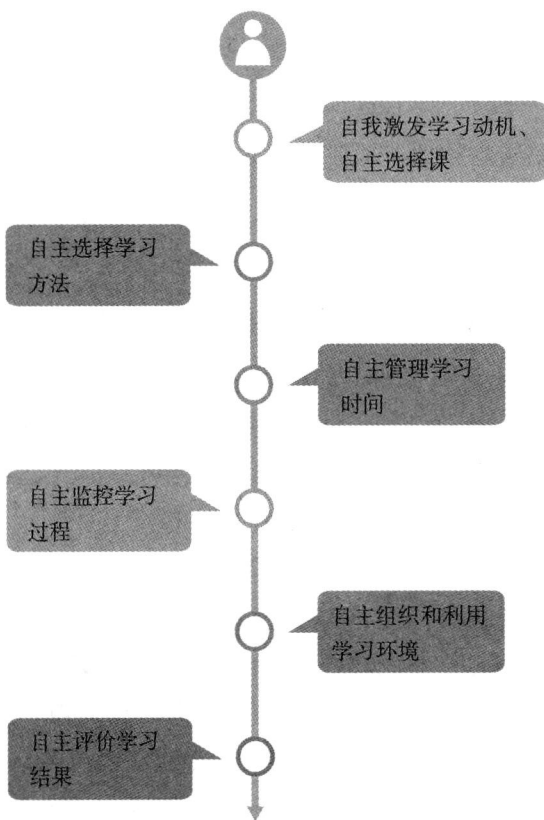

自我激发学习动机、自主选择课

自主选择学习方法

自主管理学习时间

自主监控学习过程

自主组织和利用学习环境

自主评价学习结果

图 5-3　教师通过该平台进行自主学习的过程

1. 自我激发学习动机、自主选择课程

自我激发学习动机是教师专业发展的重要驱动力。每位教师都有自己的发展需求和兴趣，这些需求和兴趣是他们学习的内在动力。例如，教师可能希望提升自己的教学技能，或者想要掌握新的教育技术，或者希望在某个专业领域有更深入的理解。通过自我反思和自我评价，教师可以清晰地认识到自己的发展需求，从而激发出强烈的学习动机。而这种内在的学习动机，比外在的奖励更能激发教师的学习热情和创新精神。

自主选择课程则是教师满足自我发展需求的重要途径。在"上海市教师教育管理平台"上，教师可以根据自己的发展需求和兴趣，从多门教师培训课程中自主选择适合自己的课程。这些课程涵盖了各个学科领域，既有基础性的教学技能培训，也有针对性的教育技术应用、教学设计创新等高级课程。无论教师的发展需求是什么，他们都可以在这些课程中找到满足自己需求的资源。这种自主选择的机会，使得每位教师都可以根据自己的需求和能力水平，选择最适合自己的学习路径，从而最大限度地满足自己的发展需求。

2.自主选择学习方法

自主选择学习方法是教师在学习过程中对自我发展起主导作用的关键因素。在教师培训课程中，由于学习内容和形式的多样性，每位教师都需要根据自己的学习风格和课程内容来选择最适合自己的学习方法。

例如，如果课程中包含大量的理论知识和概念，教师可能需要选择阅读和记笔记等较为传统的学习方式来理解和消化这些知识。在这个过程中，教师可以通过反复阅读，以及将重要的概念和理论用自己的话进行复述，从而加深理解和记忆。

如果课程的目标是提升教师的实践技能，如教学设计或教育技术的应用，那么教师可能需要选择更为主动和互动的学习方式，如小组讨论，项目实践等。通过这些实践性的学习方式，教师不仅可以将理论知识转化为实践技能，还可以通过同伴间的交流和反馈，进一步提升自己的教学技能。

教师在选择学习方法时，也需要关注自己的学习效果，并根据学习效果及时调整学习方法。例如，教师发现自己在阅读理论知识时容易分心或遗忘，那么他们可能需要尝试其他的学习方法，如观看视频或者参与在线讨论等。这种灵活和反馈性强的学习方式，能够帮助教师更有效地学习和发展。

3.自主管理学习时间

自主管理学习时间是教师培训过程中的一项关键能力。在"上海市教师教育管理平台"这样的在线学习环境中，教师可以根据自身的需求和实际情况来自行规划和调整学习时间。这种自主性不仅体现在教师可以自由选择什么时间学习，还体现在教师可以自主决定学习的节奏和深度。

在线课程虽然设定了具体的学习结束时间，但从选修开始到结束的这段时间，教师完全可以根据自身的实际情况来自主安排学习进度。例如，一些教师可能会选择在每天的固定时间段进行学习，以保持学习的连续性和稳定性；一些教师可能会选择在周末或假期集中学习，以便更深入地理解和掌握课程内容。

教师也可以根据自身的教学情况和学习需求来调整学习内容和方式。例如，教师在教学实践中遇到了具体的问题或挑战，他们可以优先选择和这些问题相关的课程进行学习；如果教师在学习过程中发现自己对某个主题或领域特别感兴趣，他们可以深入研究，甚至寻找更高级的课程来进一步提升自己的专业能力。

自主管理学习时间不仅可以提高教师的学习效率和效果，也有助于培养教师的自主学习能力和自我管理能力，从而更好地应对教育工作中的各种挑战和变化。

4.自主监控学习过程

自主监控学习过程是一种重要的自我管理策略，特别是在在线教师培训环境中，它具有至关重要的作用。这个过程中，教师不仅要规划和执行学习任务，还要实时关注自己的学习进度和效果，发现和解决学习过程中出现的问题，调整学习策略，以便更有效地达到学习目标。

自主制定学习计划是自主监控学习过程的基础。教师需要根据自己的学习需求和课程内容，预先设定学习目标，明确学习的内容和顺序，制定合理的学习计划和时间表。

选择合适的学习方法和策略也是自主监控学习过程的关键。教师应根据学习内容的性质和难度，自己的学习风格和经验，选择最适合自己的学习方法，比如是通过观看视频讲座、阅读教学资料、进行在线讨论还是完成实践任务。

实时监控学习进度和效果是自主监控学习的核心。教师需要定期检查自己的学习进度，评估学习效果，比如是否理解了课程内容，是否掌握了相关技能，是否达到了预设的学习目标。

根据反馈调整学习是自主监控学习的关键。如果发现学习进度落后或学习效果不佳，教师应及时分析原因，是学习计划不合理、学习方法不适合还是学习环境有干扰，及时调整学习计划、方法或环境，以更好地实现学习目标。

5.自主组织和利用学习环境

自主组织和利用学习环境是教师自我驱动学习的重要一环。在这种模式下，教师想要实现自我管理，就要根据自身的学习需求和节奏，选择并利用最适合自己的学习资源和工具，包括如何参与到在线学习社区和课程中，以及如何有效地与其他同行进行交流等。

教师选择了某门在线培训课程后，会与选择同一课程的其他教师形成一个培训班。这就形成了一个以课程为核心的学习共同体。在这个共同体中，教师可以共享学习资源，讨论学习问题，互相学习，互相激励，共同进步。这种学习共同体既有助于提高学习效率，也有助于增强学习的趣味性和持续性。

教师可以根据自身的需要，自主选择和利用各种学习资源和工具。例如，他们可以通过阅读课程资料、观看教学视频、参与在线讨论、完成课程作业等方式，深入理解和掌握课程内容。他们还可以利用网络资源，如搜索引擎、在线百科、专业论坛等，拓宽学习视野，获取最新的教育信息和教学方法。

教师还需要根据自身的学习进度和效果，调整学习策略和计划。例如，教师发现某个课程的学习进度落后，可以增加学习时间，或者寻求其他教师的帮助加快学习进度。如果发现某个课程的学习效果不佳，他们可以调整学习方法，或者寻求专家的指导。

6.自主评价学习结果

自我评价是教师自主学习的重要环节，它不仅有助于教师了解自己的学习成效，还能促使教师不断反思和调整自己的学习方法和策略，从而提高学习效率和效果。

教师在课程学习过程中，可以自主总结每个阶段的学习情况。例如，可以回顾和反思自己在该阶段学到了什么知识和技能，是否达到了预期的学习目标，以及在学习过程中遇到了什么问题和困难。通过这种总结方式，教师可以及时了解自己的学习状态，寻找并解决学习中的问题，从而不断提高自己的学习效果。

教师可以在技术支持的学习环境中，与其他教师一起进行学习评价。在这个过程中，教师可以分享自己的学习心得和体验，听取其他教师的意见和建议，互相学习，互相鼓励，共同进步。同时，这种互评的方式，也可以让教师从不同的视角看待自己的学习，从而获得更全面的反馈和评价。

平台也会对教师的课程学习提供总体评价，评价的方式包括但不限于作业、测试等。这种系统性的评价，可以让教师了解自己在课程中的总体表现，了解自己在哪些方面做得好，哪些方面需要改进，从而更好地指导自己的后续学习。

"上海市教师教育管理平台"作为一种由省级教育行政部门为教师专业成长设计的技术支持学习平台，有效地支撑了教师的全方位学习。这打破了教师传统的学习时空界限，使教师可以根据自身的实际需求选择面对面、混合或在线等多种形式的教师培训课程，并在规定的时间内（通常为一个学期，也就是半年）完成学习任务。在这个过程中，教师可以制定学习计划，有效地解决了教学与学习之间的冲突，保证教师在进行教育教学实践和研究的同时，也能在技术支持的环境中自我发展和提升。在选择课程、学习和评价的过程中，教师产生的大量数据为后期的深度分析和挖掘提供了基础，这对当前的教师培训课程开发具有指导意义，也为未来教师专业课程的开发提供了方向。

教师实现个人专业发展有多种方式，基于课程的自主学习只是其中之一。教师不能完全舍弃传统的学习方式，如各种现场培训、学历提升等。只有将新型学习方式与传统学习方式相结合，形成优势互补，才能最大限度地提高学习效果，促进教师专业知识的更新和专业能力的提升。

二、基于教研的小学教师专业培训模式

在信息化的时代背景下，教师学习的模式已经从个人独立的、机械式的记忆学习转化为社会化的、互动性的、体验式的学习过程。这种转变使得教师学习不再仅限于个人行为，而是进化为一种社会化的活动。新的信息、观念和反馈的获取，不仅依赖于个人的学习，更多地源自教师间的对话和互动。社群学习，作为移动互联网技术进步和教育理念创新的产物，已逐渐成为一种新型的学习方式。

中国银联支付学院对于社群学习模式进行了深度探讨，他们认为，社群学习模式是一种通过精心设计和运营，使得来自同一企业的一群人能基于共同的兴趣、任务或价值观，有组织、交互式地开展群体学习行为的学习模式。近年来，信息技术与教育教学的深度融合推动了基于教研的教师社群学习模式的出现。在这种模式中，参与社群学习的教师通过虚拟网络构建学习社群，他们通过分享知识、激发思想碰撞、相互协作、共同探究来解决问题，从而促进自我价值的实现和群体共同成长。

这种学习模式的出现，不仅改变了传统的教师学习方式，也为教师的专业发展提供了新的路径。在这个过程中，教师不仅可以提高自身的专业素养，同时也能在与其他教师的互动和交流中，拓宽视野，提升自身的教育理念和教学方法。

（一）基于教研的社群学习模式理论基础

基于教研的社群学习模式是一种新兴的学习模式，其理论基础主要来源于联通主义学习理论和分布式认知理论。

1.联通主义学习理论

从联通主义学习理论的角度来看，这种学习模式强调的是学习的社会性和互动性。联通主义学习理论认为，学习是一个与特定节点和信息资源链接的过程，而这个过程的目标是实现知识的准确和最新的流通。学习者通过连接与自身需求密切相关的人或者知识，可以提升自身解决

问题的能力和效率。在这种理论的支持下，社群学习模式的主要特征包括满足个性化学习需求、实现个人学习和群体学习的结合、多点触发的开放学习，群体智慧共享和知识生产成为核心的学习方式。

2.分布式认知理论

从分布式认知理论的角度来看，这种学习模式强调的是人与人、人与技术、人与外界环境的相互作用。分布式认知理论认为，智能并不仅仅存在于个体中，而是存在于学习环境、学习者使用的工具、学习者之间的交互以及所有学习者之中。在这种理论的支持下，社群学习模式的主要作用是对社群环境、学习者、学习氛围、学习资源等要素进行系统性整合，对各因素之间的互动进行强化，从而提升学习效果。

基于这两种理论，可以深入理解和分析基于教研的社群学习模式。这种学习模式提供了一个开放、灵活的学习环境，使得学习者能够突破时间和空间的限制，随时随地进行学习。同时，学习者可以根据自身的需求和兴趣，与相同兴趣、专业背景或价值观的人进行互动和共享，实现知识的共享和共创。

这种学习模式强调了互动和共享的重要性。在学习过程中，学习者不仅能够通过与其他人的互动获取新的信息和观念，还能够通过共享自己的知识和经验，提升自身的解决问题的能力和效率。

这种学习模式充分利用了现代信息技术的优势。通过与人、技术和环境的互动，学习者可以获得丰富、便捷的信息资源，同时可以使用多样、完善的认知工具来支持学习活动。这种方式不仅拓宽了学习者的认知范围，也极大地提高了学习效率。

基于教研的社群学习模式也注重学习过程中的反馈机制。学习者可以通过社群中的互动，实时获取对自己学习成果的反馈，进而调整和优化自己的学习策略。学习者也可以通过分享自己的学习经验和观点，为社群中的其他成员提供参考。

总之，基于教研的社群学习模式是一种充分利用现代信息技术，结合联通主义学习理论和分布式认知理论的新型学习模式。这种模式的实施，旨在构建一个开放、灵活的学习环境，通过互动和共享，实现知识的流通，从而提高学习者解决问题的能力和效率。这种模式的实现，无疑将对教师的专业发展，乃至整个教育领域产生深远的影响。

（二）基于教研的社群学习模式概述

基于教研的社群学习模式是一种创新的教师专业发展路径。此模式将教师集结于共同的教育教学目标下，通过在技术支持的环境中开展交流、分享和反思活动，来解决实际教学问题，推动知识的群体建构和教师群体发展。

在这种学习模式中，教师们构成了一个学习共同体，他们以"教研组"为单位，围绕教学实际问题进行研讨。这些问题的主题鲜明、针对性强，能够紧密结合教师的教学实践。教师们在这个过程中分享教学经验、交流专业知识、推送学习资源、反思教学实践，从而提高教学能力。

在技术支持下，教师们的交互方式和呈现方式也呈现多样化。他们不仅可以通过文字、图片、语音、视频等形式进行交流和分享，而且可以通过技术工具，如微信社群、MOOC 社群等，拓宽学习的空间和范围，与更多的教师或专家进行协作、交流。

基于教研的社群学习模式的实施，需要依托于一定的活动组织，并得到内外部的支持。内部支持来自社群成员间的合作和共享，他们共同推动学习活动的开展和知识的建构；外部支持则来自学校、教育部门和社区的认同和支持，他们提供必要的资源和环境，为教师的学习和发展创造条件。

1.教师网络研修社区

教师网络研修社区是一种依赖于现代信息通信技术构建的教师学习社群，为教师们提供了一个共享知识、经验和智慧，以及探讨和解决教学实践问题的在线平台。这种以教师为主体，以专业发展为目标的网络研修社区，不仅突破了地理和时间的限制，也丰富了教师的专业学习和研修形式。

在教师网络研修社区中，教师们利用各种网络通信工具，如论坛、博客、微信群等，进行相互的交流和讨论。他们分享自己的观点、思想、知识和学习经验，通过协作和反思，解决教学实践中遇到的问题。这种基于互动和合作的学习方式，既能够增强教师的专业能力，也能够推动教师共同体的发展。

教师网络研修社区通常由学校或地方组织，因此，它具有一定的组织性和规范性。这种组织性和规范性，可以保证网络研修社区的正常运行，提高教师的学习效果。同时，学校或地方的组织也为教师提供了必要的技术和资源支持，为教师的学习和发展创造了良好的环境。

教师网络研修社区中，教师们也能够获得丰富的学习工具、资源和服务。例如，教师可以通过网络获取各种教学资源，参加在线研讨会，使用在线工具进行协作和创新。这些工具、资源和服务为教师的学习和研修提供了坚实的物质基础，也增强了教师的学习动力和自主性。

教师网络研修社区是教师专业发展的重要平台，它以教师为主体，以协作和互动为方式，以解决实际问题为目标，构建了一个开放、共享、互动的学习环境，为教师的终身学习和专业成长提供了强大的支持。

2.主要学习形式

（1）备课研讨。备课研讨是教师专业发展的重要环节，特别是在现代信息技术日益发达的今天，信息技术支持下的教师备课研讨更是成了教师专业成长的新形式。它充分利用了网络资源和手段，将备课活动由传统的面对面形式转变为线上线下相结合的形式，既充分发挥了集体智慧的优势，又满足了教师的个性化需求。

信息技术支持下的教师备课研讨一般由教研员发起，确定备课主题，提供备课资源。教师们通过网络平台，如学校的在线教育平台，上传自己的备课成果，共享备课资源，开展集体研讨。备课研讨的主题涵盖了教学目标的制定、教学内容的确定、教学策略的选用、学生实践活动的设计等方面的问题，这些都是教师备课的重要环节，也是教师专业发展的重要内容。

在备课研讨过程中，教师们可以从不同角度出发，形成同课异构的多角度思考。这种多角度的思考，能够帮助教师深化对教学内容的理解，丰富教学策略，提高教学效果。同时，通过网络社区平台，教师可以在备课研讨中不断碰撞出思想的火花，使认识不断地走向深入，形成思考的习惯、争鸣的意识、求索的精神和发表意见的勇气。

在备课研讨过程中，要避免偏离主线、随意聊天的现象，这不仅会影响备课研讨的效果，也会浪费宝贵的时间和资源。因此，在开展备课研讨时，应该制定明确的议题，严格遵循议程，确保备课研讨的质量和效率。

信息技术支持下的教师备课研讨是现代教师专业发展的重要方式，它利用网络技术和资源，打造了一个开放、共享、互动的备课研讨环境，为教师的专业成长提供了强大的支持。

（2）观课评课。观课评课是教师专业发展的重要环节，也是教研活动中的一种常见形式。借助网络社区平台进行观课评课，教师可以选择合适的时间和地点进行观课，这种灵活性使教师更能投入评课活动中。同时，网络社区平台的开放性和互动性，使所有的教师都有机会参与到评课活动中，每个人都有机会发表自己的意见，共享自己的观课感受和评课心得。

在网络社区平台开展的观课评课活动中，教师可以对整堂课的设计、课堂驾驭情况、学生学习状况等方面进行详细的观察和深入的思考，进而根据自己的观察和思考，发表自己最为真实的感想。这种评课方式不仅能够提高教师的评课能力，也能够提升教师的教学技能，有助于教师的专业成长。

进行观课评课活动时，也需要注意一些问题。首先，教师应该抱着科学严谨负责的态度去发表评论，避免教师没思考到位就随便发言。因为随便发言不仅不能真实反映教师的观察和思考，也不能为其他教师提供有价值的参考。其次，避免走上闲聊诉苦的庸俗化路线。因为闲聊诉苦既不能提高教师的评课能力，也不能提升教师的教学技能，反而会浪费宝贵的时间和资源。

总的来说，基于网络社区平台开展的观课评课活动，是一种高效的教师专业发展方式，它利用网络技术的优势，打造了一个开放、共享、互动的评课环境，为教师的专业成长提供了强大的支持。

（3）专题研讨。专题研讨是基于网络社区的教师研修活动中的一种重要形式。借助于现代科技的便利，教师们可以自主发起研修话题，邀请同行一起探讨，共同解决实际教学中遇到的问题。同时，教研员或教研组长等专业领导者也可利用网络平台，建立专题研讨小组，共同探讨教学的典型问题或难点。这种方式的研讨打破了传统的时空限制，使教师们能够在实践中发现课堂改进的方向。

在进行专题研讨时，首先要考虑的是研讨主题的设定。一个好的研讨主题应当能够体现教学中的难点、痛点和困惑，通过互动交流，帮助教师解决实际问题。此外，研讨主题应具有一定的开放性，让每位参与者都有话可说，可以发表自己的观点和想法。同时，为了便于教师的浏览和理解，研讨主题的表述应当简洁明了。

在专题研讨过程中，教研员等专业领导者的角色十分关键。他们需要通过及时的回复，把握专题研讨的"风向标"，引导研讨的方向。他们还应当多给予教师赞赏和鼓励，帮助教师获得成就感，提升他们参与研讨的积极性。同时，也应当充分发挥骨干教师的作用，培养一支乐于参与网络研讨的教师队伍。

基于网络社区的专题研讨是一种有效的教师研修方式。它利用现代科技的优势，打造了一个开放、互动的学习环境，让教师们能够在实践中找到课堂改进的方向，对提升教师的教学技能和专业素养具有重要的意义。

（4）专题报告。专题报告是基于网络研修社区的一种重要的教师研修形式。这种学习模式通常是由教研员邀请高层次专家在网络社区开讲学术报告。专家会根据当下教学的热点确定报告主题，提供报告相关的学习资源，并明确学习要求。教师需要针对报告内容阐述自己的观点，并进行互评，最后进行总结反思，提炼习得的成果。

专题报告的主题应紧贴教师的教学实际需求，在学科领域中具有一定的前瞻性和指导性。这样，教师在学习专题报告时，能够将报告的内容与自己的教学实际情况相结合，用理论指导实践，从而促进自身教学技能的提升。

基于网络研修社区的专题报告，打破了地域和时间的限制，使得教师能够在任何时间、任何地点都能参与到学术报告的学习中。这种方式也能够使教师接触到更多的专业知识，提升自己的专业素养。专题报告的互评环节，让教师们有机会听取他人的观点，通过交流和讨论，可以使教师们对报告的内容有更深入地理解和思考，从而促进个人的专业成长。

基于网络研修社区的专题报告，是一种很好的教师研修方式。它不仅能够提供给教师丰富的学习资源，也能够通过互评和讨论，促进教师的专业成长，提升教师的教学技能。

（三）基于教研的社群学习模式实践探索

浦东教师研修网作为一种基于教研的社群学习模式的实践，为教师的个人成长、同伴互助和专业引领提供了一个网络化的平台。该平台不仅是教师学习的虚拟平台，同时也是他们展现自我、交流互动的场所，极大地推动了教师的网络化学习和个人发展。

在这个平台上，教师可以参与各种线上线下的活动，如专题研讨、资源共建等。这些活动可以让教师在实践中学习和成长，同时也能满足他们的专业社交需求。例如，通过参与专题研讨，教师可以就教学中的热点问题进行深入的讨论和研究，从而提升自己的专业水平。同时，这种形式的学习也有利于激发教师的内在需求，使他们在学习中找到乐趣和动力。

浦东教师研修网也为教师提供了个性化的学习机会。教师们可以根据自己的实际需求，选择适合自己的学习资源和活动，满足他们的个性化需求。

浦东教师研修网以社群学习模式的实践为基础，为教师的个人成长和专业发展提供了一个创新和全面的网络平台。这个平台不仅为教师提供了自我展示的空间，而且还提供了一种方便的工具和方法，使教师可以自我管理知识，自主选择学习资源，自由参与教研主题的讨论，从而实现了教师的自主学习。

该平台的一个重要特点是提供了不同的学习社群。教师可以根据自己的学科、学校、年级、主题、课题或兴趣，自由组建或加入不同类型的学习社群。这些社群内的互动和交流，能够促进教师有效交往，创设互动交流共享的氛围，推动教师的专业成长。

此外，这个平台还构建了多种多样的社群连接，如梯队专家跨学校、跨学科、跨区域的交流服务。这些连接不仅为教师提供了与专家平等交流的环境，而且还可以帮助教师解决教学和课改中遇到的困惑，从而提升教师的教研能力。

针对教学实际问题的深度互动交流也是这个平台的重要功能。教师可以通过在线发帖、E-mail 等工具进行一对一、一对多或多对多的交流。这样的交流方式，不仅让教师可以充分发表自己的观点，也可以听取他人的意见，从而实现在互相学习中取长补短、共同进步。

动态资源推送则是这个平台的又一个创新之处。通过对教师学习记录的跟踪和分析，可以捕捉到教师的发展性学习需求，进而为他们推送个性化的学习资源。这种自主选择和动态推送的服务模式，有利于提升教师的学习效果。

在这个平台上，教师的学习与实践相结合，通过网络技术，教师可以直接与学科专家进行交流，解决教学中的问题。这种开放式的学习模式，旨在提升教师的专业实践能力，帮助他们在教学实践中不断提高。

通过基于教研的社群学习模式，实现了教师学习的个性化、社会化和实践性。这种模式在教师个体学习、团队协作和区域性研修之间建立了有效的联系，推动了教师的线上学习、线下实践和学习社群之间的互动。

通过个人工作室的方式，不仅使教师在独立的空间中有选择权和自主权，更可以根据自己的需求选择适合自己的学习资源，参与相关的教研主题讨论。这种方式使教师在个体学习过程中能够体验到自主和自由，促进了教师的专业成长。协作组提供了团队学习的机会。教师可以根据自己的专业领域、兴趣爱好等因素，选择不同的协作组进行深度学习和研讨。这种方式不仅满足了教师的个性化需求，也有利于提升教师的团队协作能力和专业素养。通过区域研修的方式，使教师可以与区域内的其他教师进行交流和学习，这种方式有利于教师了解其他教师的教学方式和经验，开阔思路，从而提高教学效果。

从浦东教师研修网的实践中可以看出基于教研的社群学习模式为教师提供了一个自主、开放和共享的学习环境，让教师在自主学习、团队协作和区域研修中实现了深度学习和有效成长。这种模式对于推动教师的专业成长，提高教师的教学能力，促进教师终身学习具有重要的实践意义。

依托网络研修社区开展的社群学习平台为教师专业发展创造了全新的学习环境。这种模式以资源共享和交流互动为主，强调教师的积极参与和深度学习，从而满足教师在专业领域内不断发展的需求。

第六章　小学教师信息素养提升策略

第一节　信息化教学的影响因素分析

信息技术教学应用效果受到诸多因素的影响，环境、教师及学生是其中三种重要的因素。值得注意的是，这三个因素中都包含着因互动影响而引发的动态改变元素。

一、环境因素

信息技术教学应用的基本前提是学校拥有完善的信息基础设施和充足的资源以承载和传递信息。然而，仅靠设施和资源并不能保证学生的学习效果，学校还需要营造一个良好的信息技术应用环境，使教师和学生能够有效地利用信息技术所提供的教学方法和学习资源，还应该为他们提供持续的、富有创新的学习和发展机会。因此，环境因素在信息技术教学应用中的影响可以从以下三个方面体现，即基础信息设施、教学（学习）资源及学校营造的信息技术教学应用氛围。

根据祝智庭教授的理念，环境因素的内容可以被定义为教学授递环境、资源环境以及学校文化环境。[①]

（一）授递环境

授递环境，作为信息技术教学应用的基本要素，对教学过程有着深远的影响。这种影响不仅表现在信息的有效传递上，而且还涉及教师、学生对教学环境功能的理解和应用。

教学授递环境的功能特点需要深入理解。它被广泛视为由各种信息传播媒体及其配套运作软件组成的教学环境，其主要功能体现在三个方面：一是为教育者、受教育者及学习材料提供沟通渠道，保证信息的流通；二是显示媒体教材中所包含的教学信息，使教学内容得以有效传递；三是为使用者提供对媒体有效控制的界面，实现对教学过程的精细管理。

教学授递环境的分类及其意义也值得深入探讨。教学授递环境包括支持课堂教学、远程教学和个别化教学等各种教学模式的环境，如多媒体教室、语言实验室、网络教室等。此外，卫星电视、有线电视等大众传播系统也可视为教学授递环境。具体分类上，从时空维度，可以分为同地同时、异地同时、同地异时和异地异时等四类；从空间容量维度，可以按照学习者规模分为个人、小组、群体和众体等四类；从媒体维度，可以有单一媒体、组合媒体、传统媒体或现代媒体等不同的分类方式。

随着网络技术的发展，互联网已经成为强大的教学授递环境，能够支持各种类型的教学传播，突破时空限制。互联网的教学授递有许多优点，如提供重要的知识资源环境、友好方便地交流沟通环境和理想的协同学习环境等。目前，人们综合利用互联网建立了许多虚拟教育、教学系统，如虚拟教室、虚拟图书馆、虚拟实验室、虚拟校园等。

教学授递环境对学习影响的特征并非仅仅局限于其作为传递信息的工具。当然，教学授递环境的合理性和有效性是信息技术教学应用的基本保障，但像其他教育工具一样，教师和学生对教学授递环境的功能需

---

① 李颖，董彦．现代教育技术应用[M].合肥：中国科学技术大学出版社，2018：111.

要有深入的理解。他们不仅要看到教学授递环境高效的信息传播功能，更应该认识到教学授递环境作为表征工具的重要功能。

学生的学习内容已经超越了传统的知识技能范围，囊括了知识技能、创新精神、实际问题解决能力和信息素养等多个方面。基于信息技术的授递环境具有为学习者（包括教师和学生）的学习与迁移、表征性思维培养等提供多重情境和机会的潜力。因此，教师和学生在应用教学授递环境时，应该全面认识和理解其作用，通过发挥其作为学习工具的功能，促进学习者的独立学习与合作学习。

在这个过程中，学习者需要对教学授递环境的功能特性进行深入的研究，这是因为他们对教学授递环境的使用有着直接的制约作用，并且在这个过程中产生互动影响。这种影响表现在学习者如何利用教学授递环境进行学习，如何根据自身的学习需求调整和优化教学授递环境，以及如何在教学授递环境中发挥创新精神，解决实际问题等方面。

上述这种学习者对教学授递环境功能特性发挥的制约和互动影响性，正是将授递环境作为变量来认识的理由。

（二）资源环境

资源环境是一种为学习者提供学习资源的系统组织和学习材料，其核心功能是提供丰富的信息资源和自由的访问。随着信息技术的发展和教育观念的改变，资源环境在教育领域中的地位越来越重要，对学生的探究性学习和研究性学习起到了重要的支持作用。

资源环境主要分为两大类：一是为教育目的而设计的，如学习资源中心、电子阅览室、数字化学习资源中心等；二是并非为教育而设计，但因其具有教育价值而被教学所利用，如电子图书馆和互联网上的各种信息等。其中，学习资源中心和数字化学习资源是目前教育资源环境的两个重要组成部分。

学习资源中心是一个集图书和各种媒体资源于一体的学习场所。随着多媒体和网络技术的发展，学习资源中心的形式和功能也在不断地扩展和优化。学习资源中心不仅提供了丰富的学习资源，而且支持学生独立学习和小组学习，提高了学生的学习兴趣和主动性，培养了学生的独立工作能力。但是，学习资源中心的建设和使用，需要教师和学生对其功能有深入的理解和有效的利用。

数字化学习资源是另一种重要的资源环境，它是通过数字化处理，可以在多媒体计算机上或网络上运行的多媒体材料，包括数字视频、数字音频、多媒体软件、网站、电子邮件、在线学习管理系统、数据库等。

数字化学习资源的价值并不是自动实现的，而是需要教师和设计开发人员对计算机多媒体技术、网络技术等教学优势与潜能的认识与把握，对教学设计方法的掌握和运用，以及对信息时代知识与学习特征的理解等，才能发挥其最大的教学价值。

资源环境是一种为学习者提供丰富、多样、便捷的学习资源的途径，它的价值在于促进学习者独立探究、主动学习、合作学习和创新思考。在这个环境中，学习者不再是被动的知识接受者，而是成为主动的知识探索者和创造者。

资源环境的价值在于提供一个信息丰富、开放自由的学习空间，使学习者能够自由地选择学习资源，自主地确定学习路径，自我的评价学习效果。在这个过程中，学习者不仅可以获取知识，更能够发展自我学习能力，提高信息素养，形成创新精神和实践能力。

要充分发挥资源环境的价值，还需要教育者的引导和支持。教育者需要掌握信息技术，理解教育理念的变化，关注学习者的需求，引导学习者有效使用资源，培养学习者的信息素养，提高学习者的自我学习能力。此外，教育者还需要与学习者一起，参与到资源环境的设计和改进中去，以确保资源环境的实用性和有效性。

在信息时代，需要重新思考教育的目标和方法，重新设计教育的环境和工具，以适应知识经济和网络社会的需要。资源环境为此提供了可能性和空间，它是教育者和学习者共同创造的结果，是教育者和学习者共同进步的载体。

（三）学校文化环境

学校文化，作为一种特殊的文化现象，它是学校内部价值观念、行为规范、教育理念、学习氛围等抽象因素在学校实践中的具体表现。学校文化是塑造学校独特气质和风格的重要因素，它对学校教育质量和效果产生深远影响。

在学校文化中，价值文化是核心，它体现在学校的使命、目标、理念和精神等方面。教师文化则体现在教师的专业素质、教育理念、教学行为、师德观念等方面，它影响着教师的教学效果和学生的学习效果。学生文化则体现在学生的学习习惯、行为规范、价值观念等方面，它影响着学生的学习效果和人格发展。

在信息时代，信息技术教学应用对学校文化产生了深远的影响。一方面，信息技术教学应用改变了传统的教学模式，推动了教师角色和学习方式的变革，从而对学校文化带来了挑战。另一方面，信息技术教学应用也为学校文化的创新和发展提供了可能性，它可以帮助学校建立开放、合作、创新的学习环境，提升学校的教育质量和竞争力。

要充分发挥信息技术教学应用的优势，实现学校文化的创新和发展，关键在于构建与信息技术教学应用相兼容的学校文化环境。这需要从价值文化、教师文化、学生文化等多个层面进行努力。下面主要从教师文化、学生文化的角度来进行探讨。

1.教师文化对信息技术教学应用效果的影响

教师文化，作为学校文化的重要组成部分，对信息技术教学应用的效果产生深远影响。教师文化主要包括教师的价值观、教学理念、行为规范等方面，它影响着教师的教学行为和教学效果。

在信息技术教学应用的初期阶段，教师需要更加开放的心态，更多地合作和探索，以适应新的教学方式和技术。然而，由于教师文化的封闭性，这些必要的变革往往难以实现，从而影响了信息技术教学应用的效果。教师文化的实用性也对信息技术教学应用产生了影响。教师在对待新的教学方式和技术时，往往看重自己的个人投入和预期回报。如果新的教学方式和技术需要大量的时间和精力投入，但却没有明显的预期回报，教师就会对其产生抵触心理，从而影响了信息技术教学应用的效果。

因此，要提高信息技术教学应用的效果，就需要对教师文化进行改革和创新。首先，要打破教师文化的封闭性，倡导开放、合作、创新的教师文化。这需要教师们以开放的心态接受新的教学方式和技术，加强教师之间的合作和交流，以适应信息技术教学应用的需求。其次，要改变教师文化的实用性，鼓励教师们从长远的角度看待新的教学方式和技术，认识到信息技术教学应用对提高教学质量和效果的重要性，从而提高教师对信息技术教学应用的积极性。

在信息技术教学应用的过程中，教师文化的改革和创新是一个复杂而漫长的过程。它需要学校领导的支持和引导，需要教师自身的观念更新，也需要整个教育系统的配合和支持。

教师文化对信息技术教学应用的效果有着重要的影响。要提高信息技术教学应用的效果，就需要对教师文化进行改革和创新。这需要学校领导、教师和整个教育系统的共同努力，以构建一个开放、合作、创新的教师文化，从而更好地推动信息技术教学应用的发展。

2.学生文化对信息技术教学应用的影响

学生文化，同样作为学校文化的重要组成部分，对信息技术教学应用的效果具有深远影响。它体现在学生对信息技术学习态度、学习方式和习惯的形成，同时也受教师文化的影响。

学生文化的特征决定了他们对新事物的接纳程度。在信息技术教学应用过程中，学生的开放、接纳的态度将极大地推动信息技术的有效运用。他们的好奇心和求知欲使他们更愿意接触和使用新的工具，尝试新的学习方式，从而增强信息技术教学应用的效果。

学生对信息技术的接纳态度并非自发形成，而是受到了教师文化的影响。如果教师抱有开放的态度，主动应用信息技术进行教学，那么学生则更可能积极地接受信息技术，使用信息技术进行学习。相反，如果教师对信息技术持有保守态度，那么学生则可能会对信息技术产生抵触感，不愿意使用信息技术进行学习。

学生的学习方式和习惯也是影响信息技术教学应用效果的重要因素。如果教师只把信息技术作为传递知识的工具，那么学生可能会采取被动的学习方式，仅仅接受知识的传递。而如果教师能够利用信息技术帮助学生设计学习环境，引导他们利用信息化教学资源进行自主学习，那么学生则会变成积极主动的学习者，这样的学习方式和习惯将大大提高信息技术教学应用的效果。

学生文化对信息技术教学应用的影响并不仅仅限于学生个体，也表现在整个学生群体中。积极应用信息技术的学生可以影响其他学生，形成良好的群体效应。同时，良好的学生文化也可以为教师提供支持，促进教师更有效地应用信息技术进行教学。

学生文化的影响还表现在学生对信息技术的能力培养上。学生在学习过程中不仅需要掌握知识，更需要掌握运用信息技术处理问题的能力。如果教师能够积极利用信息技术，帮助学生提高信息素养，那么学生的信息处理能力将得到显著提高，这也将极大地推动信息技术教学应用的效果。

学生文化并非孤立存在，它是学校文化的一个重要组成部分，与教师文化、学校管理文化等相互影响。因此，在提升信息技术教学应用的效果时，不能只关注学生文化，还需要关注教师文化和学校管理文化的改革。

对于教师来说，需要摒弃保守的教育观念，积极接受和应用新的信息技术，同时改变教学方式，引导学生积极主动地使用信息技术进行学习。学校管理者需要提供充足的信息设施和学习资源，同时改变传统的教育评价制度，为教师和学生使用信息技术提供支持。需要重视和尊重教师的专业发展，鼓励和引导学生的自主学习，促进学校价值观念的更新，营造开放、合作、创新的学习氛围，从而实现学校文化的创新和发展。

二、教师因素

信息技术在教学中的应用，教师是主导因素。如果从应用实践层面来探讨教师对信息技术教学应用的影响，可以分成四个主要因素。教师对信息技术教学应用的影响因素如图 6-1 所示。

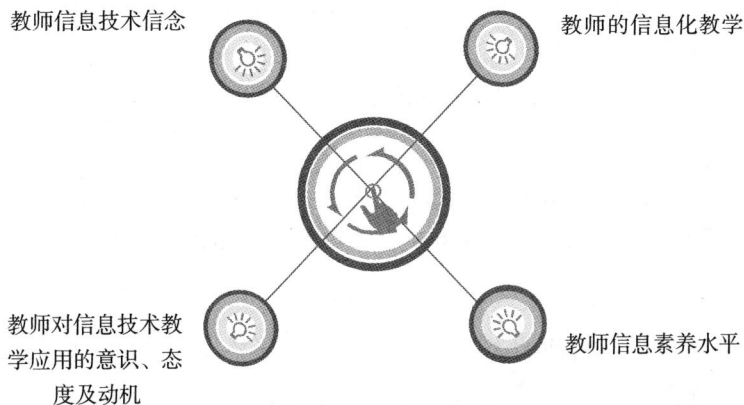

教师信息技术信念

教师的信息化教学

教师对信息技术教学应用的意识、态度及动机

教师信息素养水平

图 6-1　教师对信息技术教学应用的影响因素

（一）教师信息技术信念及其对教学的应用效果

1. 教师教育信念的内容

教师的教育信念是教师个人对于教育的核心理念和价值观。这些信念涵盖了教师对于教育的总体看法、对学生的理解和期望，以及对教育活动本身的认识。这些信念深刻影响着教师的教学行为、教学风格，以及他们对新教育观念的接受态度。

从宏观角度来看，教师的教育信念主要包括教育观、学生观和教育活动观。教育观是教师对于教育的本质、目标、任务和功能的认识，体现了教师对于教育的价值取向和教育行为的导向。学生观是教师对于学生的认识，包括对学生的需求、特征、发展规律等方面的理解，反映了教师对于学生的期望。教育活动观是教师对于教育过程、教育方式、教育手段等的理解，体现了教师对于教育实践的导向和策略。

从微观角度来看，教师的教育信念主要关注学习者和学习信念、教学信念、学科信念、学会教学的信念和自我教学作用的信念。学习者和学习的信念主要是教师对学生学习能力、学习风格、学习动机等的理解和期望。教学信念是教师对教学目标、教学方法、教学评估等的认识和理解。学科信念是教师对特定学科的价值、目标和教学方法的理解和认同。学会教学的信念和自我教学作用的信念则是教师对自身的期望和自我认识，体现了教师的自我效能感和教师角色认知。

教师的教育信念对于教师的教学行为和教育实践有着深远的影响。教师的信念会影响他们对教育理念的接受和应用，进而影响他们的教学行为。例如，教师坚信学生的能力发展是最重要的，那么他在应用信息技术进行教学时，他就会注重对学生应用信息技术能力的培养与传授。

2.教师的信息技术信念对教学应用的影响

在信息时代，教师的教育信念需要进一步拓展，形成正确的信息技术观念。教师需要理解并接纳信息技术在教育中的角色和作用。这种信念，可以称之为教师的信息技术信念。

根据泰勒的"3T论"，信息技术在教学过程中可以作为"导师""被指导者"和"工具"。换句话说，信息技术既可以用来引导学生的学习，也可以作为学生学习的对象，同时也是教师进行教学的工具。因此，教师在应用信息技术教学时，不仅要看到其作为教学工具的作用，还要理解其在学习过程中的深层次价值。

信息技术对学习的影响不仅仅是提供知识，还能作为学习的认知工具和情感激励工具。这一观念源于建构主义理论，强调对学生进行"元学习"的培养，即培养学生如何学习、如何记忆和"排错"的智力模式。信息技术可以作为学习的有机部分，帮助学生解决问题、合作学习等。

教师的信息技术信念会直接影响其在教学中的应用方式和效果。当教师认识到技术不仅仅是教学工具，而是可以影响教师、学生和教学内容之间相互作用的重要调节工具时，他们在选择和使用技术时就会更加谨慎，更加注重技术的教学效果。相反，如果教师缺乏正确使用信息技术的观念，可能会影响信息技术在教学中的有效应用。

树立正确的信息技术信念是信息技术有效促进学习的前提条件。有了这个条件，教师才能根据学生全体发展、全面发展、个性发展的需要来设计、实践、评价、应用信息技术教学，使信息技术真正起到优化教学、促进学生全面发展的作用。在未来的教育实践中，期望更多的教师能够理解和接纳信息技术，将其有效地融入教学中。

信息技术信念的建立并不是一蹴而就的过程。这需要教师在实践中反复试验，观察信息技术对学生学习效果的影响，反思其在教学中的应用方式，以及持续学习和更新相关知识。这种信念的建立也可能需要在教育体系内部进行一些必要的改变，如提供更多的信息技术教学培训，或在教师教育课程中加入信息技术的内容。

教师的信息技术信念与其教学行为是相互影响的。信念决定行为，行为反过来又可以影响信念。如果教师在实践中发现信息技术能够有效提高学生的学习效果，那么他们可能会更加坚定自己的信息技术信念，更加积极地在教学中应用信息技术。反之，如果教师发现信息技术在教学中的效果并不理想，那么他们可能会对自己的信念产生怀疑，从而调整自己的教学行为。

（二）教师对信息技术教学应用的意识、态度及动机

1.教师对信息技术教学应用的意识

教师对信息技术教学应用的意识是信息时代教育改革的重要驱动力，包括对信息技术在教学过程中应用的需求意识，和对自我发展信息技术应用能力的意愿。

提高应用信息技术的需求意识是教师在教学中主动采用信息技术的关键。在当前信息化社会，教师需要充分意识到，信息技术的应用对提升教学效率，丰富教学方式，满足学生多元化学习需求的重要性，从而提高教学质量。这种意识让教师能够在日常教学行为中自觉地融入信息技术，使之成为推动教学创新的有力工具。

自我发展信息技术应用能力的意愿，是教师持续提升教学技能，适应教育信息化趋势的内在驱动力。教师应有清晰的认识，信息技术不仅是教学工具，更是自我发展和提升的平台。这种意愿能够引导教师主动学习和掌握新的信息技术，不断提升自我，以适应教育的发展和变化。这种意识的形成并非强制，而应是教师自愿的。强制的外在推动可能导致短期内的行为改变，但无法形成持久的内在驱动力。只有教师自我意识的觉醒和自我控制能力的提升，才能使个体对自身发展的影响达到自觉的水平。

教师对信息技术教学应用的意识是推动教育信息化发展的关键。只有当教师认识到信息技术在教学中的必要性，并愿意自我发展，提升信息技术应用能力，才能真正推动教育信息化的进程。

2.教师对信息技术教学态度及动机

教师的态度与动机是应用信息技术教学的重要因素。在教育的进步过程中，信息技术的应用具有重大的潜力和价值。但是，这也需要教师有积极的态度和强烈的动机去进行探索和应用。当面对一种新的变革，如信息技术教学应用，教师可能会有抵触的心理，这是完全正常的反应。然而，这种情况也暴露出了教育改革面临的重要问题，那就是如何激发教师的动机，使他们能积极参与到这场变革中来。

教师需要对信息技术教学的优势有深入的理解。信息技术可以提供更丰富、更生动的教学手段，使得学生在更加吸引人的环境中更好地学习。教师如果能够亲身体验到这一点，就能够理解信息技术为何能够提高教学效果，从而消除对其的神秘感和恐惧感。

鼓励教师参与到信息技术教学的实践中来也非常重要。通过实践，教师能够了解到信息技术在实际教学中的应用，进一步增强他们的动机。当教师主动去应用信息技术，体验到其带来的便利和效果，他们就会愿意继续深入学习和掌握这种技术，积极参与如何利用信息技术进行教学应用的学习中。

激发教师对信息技术教学的积极态度和动机，需要让他们理解其优势，体验其效果，并积极参与到实践中来。只有这样，教师才能够真正接受信息技术教学，使之成为改进教育质量的重要手段。

（三）教师的信息化教学能力分析

信息化教学能力可以被理解为教师在信息技术环境下，进行教学设计、实施和评估的技能。这些技能构成了教师利用信息技术教学的基础能力，它们是影响教师使用信息技术进行教学的关键因素。简单来说，教师的信息化教学能力的水平直接决定了信息技术在教学应用中的成效。或者说，教师的信息化教学能力是教师在信息技术支持下，规划、执行和评估教学活动的能力。这些技能是教师使用信息技术进行教学的基本技能，是决定教师能否有效利用信息技术进行教学的关键因素。

1.信息化教学设计能力

信息化教学设计能力是指教师运用系统方法，以学生为中心，充分利用现代信息技术和信息资源，科学地安排教学过程的各个环节和要素，以实现教学过程的最优化。提高这一能力的关键在于教师能够以先进的教育教学理念为指导，能够根据教学、学习和学生发展的需求，理解和评价信息技术在教学应用中的优势和局限。

教师需要深入理解并接受现代教育理念，认识到以学生为中心的教学原则的重要性。这是信息化教学设计的出发点和归宿，也是教师在设计过程中始终要遵循的原则。教师需要有足够的信息素养，能够熟练掌握和运用各种信息技术和工具，根据教学内容和学生的学习需求，合理选择和使用信息技术，有效地设计教学和学习活动。这包括对教学内容的深入理解，对学生学习需求的准确把握，对教学方法和手段的恰当选择，以及对教学过程的科学组织和有效管理。教师需要具备信息技术的评价能力，能够根据教学实践的反馈和学生的学习效果，对信息技术在教学应用中的优势和局限进行科学、客观的评价，进一步调整和优化教学设计，实现教学效果的最优化。教师在信息化教学设计过程中，还需要避免单纯为了使用技术而进行信息化教学设计的倾向。信息技术是教学的工具，而不是目的。教师应根据教学目标和学生的学习需求，选择适合的教学内容和方式，而不是盲目追求技术的新颖和复杂。

2. 信息化教学实施能力

信息化教学实施能力是指教师在信息技术条件下，能够有效执行教学设计，利用信息技术工具和资源创造有利于学习的环境，以及在不同的教学模式和环节中熟练使用信息技术。这种能力直接影响到信息技术教学应用的效果。

教师需要能够有效地执行信息化教学设计。这意味着教师需要根据教学设计，合理地安排教学过程，有效地组织教学活动，以实现教学目标。教师需要能够利用信息技术工具和资源创造有利于学习的环境。这包括选择合适的信息技术工具，使用各种信息资源，以及利用信息技术提供的各种功能和服务，为学生提供丰富的学习资源，从而提高学习效率，激发学习兴趣。教师需要在不同的教学模式和环节中熟练使用信息技术，这意味着教师需要根据教学模式和教学环节的特点，灵活运用信息技术，提高教学效果。

在信息化教学实施过程中，教师需要避免过分依赖技术，忽视了传统教学中一些促进学生发展的教学行为，如师生之间的情感交流。教师需要将传统教学方式与信息化教学有机结合起来，取长补短，以达到最佳的教学效果。

3. 信息化教学的评价能力

信息化教学的评价能力是指教师在信息技术条件下，能够有效地对学生的学习效果进行评价，并将评价结果用于提高教学、促进学习。这种能力对于提高学生的学习效果具有重要的意义。

评价是教学过程的重要组成部分，好的评价工具不仅可以为评判者提供量化的评价标准，而且可以引导学生向既定的学习目标努力。因此，教师需要了解和掌握各种评价理论和方法，包括"档案袋"、发展性评价等方法。教师使用电子测试、在线问卷、学习管理系统等工具收集和分析学生的学习数据，进行客观、公正、准确地评价。信息化教学评价应该贯穿于教学设计、教学实施、教学结束等全过程，关注学生的学习过程，而不仅仅是学习结果。教师需要定期跟踪调查学生利用信息技术的学习行为，对学生的学习过程进行评价，发现问题，及时调整教学。在评价学生的基本知识技能的同时，教师还需要关注学生的信息素养，评价学生是否能够熟练运用信息技术工具，解决实际问题。教师需要将评价结果用于提高教学、促进学习等方面。这意味着教师需要根据评价结果，及时反馈给学生，帮助学生了解自己的学习情况，调整学习策略，激发学习兴趣和动力。教师也需要根据评价结果，调整教学策略，改进教学方法，提高教学效果。

（四）教师信息素养水平及对信息技术教学的应用效果

教师的信息素养在当今这个信息时代显得尤为重要。随着科技的飞速发展和教育模式的变革，教师在教学中的角色正在从传统的知识传授者转变为学生学习的引导者。这需要教师具备深厚的信息素养，从而有效利用信息技术工具促进学生的学习。

首先，基本信息素养是教师在信息化教学中的基础。这包括获取、处理、评价和利用信息的基本能力。在这个信息爆炸的时代，信息的获取已经不再是问题，问题在于如何从海量的信息中筛选出有用的、准确的与教学内容相关的信息。这就需要教师具备批判性思维，能够辨别信息的可靠性和有效性。教师还需要掌握信息技术工具的使用，以便在教学中有效地利用这些工具。

专业信息素养是教师进行信息化教学的关键。这包括信息化教学设计、信息化教学实施和信息化教学评价的能力。教师需要根据教学内容和学生的学习需求，利用信息技术工具进行教学设计，创设有利于学生学习的环境。在教学实施过程中，教师需要熟练地运用信息技术工具，调动学生的学习积极性，激发学生的学习兴趣。在教学评价过程中，教师需要运用信息技术工具，进行学生学习效果的评价，以便及时调整教学策略，提高教学效果。

自我发展信息素养是教师进行终身学习和职业发展的必备能力。这包括利用信息技术进行学习、教学科研、交流等能力。教师需要通过信息技术，不断学习新的教育理念和教学方法，提升自身的教学水平。教师也需要通过信息技术，进行教学科研和交流，分享自己的教学经验和教学成果，促进教育的创新和发展。

教师的信息素养水平直接影响信息技术教学的应用效果。具备高信息素养的教师，能够更好地认识到信息技术在教育中的功能和优势，能够更积极主动地运用信息技术进行教学，从而有效提高教学效果。教师要将信息技术与课程内容有机地结合，使得学生在信息丰富的环境中能够主动学习，从而获得深层次的知识理解。教师也能利用信息技术工具对学生的学习过程进行评价，根据评价结果调整教学策略，以最大化学生的学习成果。

如果教师的信息素养水平较低，那么他们可能会对信息技术的教育功能和优势产生误解，从而影响他们运用信息技术进行教学的积极性和自觉性。他们可能会将信息技术仅仅视为辅助教学的工具，而忽视了信息技术作为促进学生认知和情感激励的重要角色。这种情况下，学生在学习过程中可能只是被动接受信息，而无法进行深层次的学习和理解，教学效果也将大打折扣。

提高教师的信息素养水平，尤其是他们的专业信息素养，显得尤为重要。教师需要通过不断学习和实践，提升自己的信息技术知识和技能，以适应教育信息化的要求。他们需要深入理解信息技术在教育中的功能和优势，转变对信息技术的教育作用观，从而更好地利用信息技术进行教学。同时，他们也需要自我发展职业信息素养，通过信息技术进行终身学习和职业发展，从而更好地应对教育环境的不断变化和挑战。

三、学生因素

信息技术教学应用的效果是多因素综合作用的结果，其中包括信息环境、教师的信息化教学能力，以及学生的个体特征等。学生的个体特征在这个过程中发挥着越来越重要的作用，因为每个学生的学习方式、动机、态度和信息素养水平都是独一无二的。这些因素会影响学生如何在信息技术环境中学习，进而影响信息技术教学应用的效果。

（一）学生应用信息技术学习的态度及动机

学生对信息技术学习的态度和动机在教学过程中起着至关重要的作用。一方面，学生的态度决定了他们是否愿意接受和利用信息技术进行学习，从而影响了他们的学习效果和学习成绩。另一方面，学生的动机则决定了他们在学习过程中的积极性和主动性，以及他们对学习资源和学习策略的应用程度。

1.学生的态度

积极的态度无疑会带来更好的学习效果。学生如果对计算机和信息技术持积极的态度，他们更有可能主动利用学习资源和策略，以获取更多的知识和技能。这种积极的态度不仅体现在学生对计算机和信息技术的认同感上，更体现在他们对学习过程的掌控和对信息化学习环境的适应上。他们能够有效地利用信息技术提供的各种资源，主动地参与到学习过程中，从而获得更好的学习成绩。学生对信息技术应用的积极态度还会影响他们对学习媒体的控制和对信息化学习环境的适应，从而在信息技术学习中取得更好的学习效果。

2.学生的动机

学生的动机也是影响他们信息技术学习效果的重要因素。在信息技术学习中，学习内容通常以多媒体形式呈现，结构关联性强，需要学生主动地去探索和学习。因此，如果学生具有强烈的学习动机，他们就会更有可能主动地参与到学习过程中，有效地利用信息技术提供的各种资源，从而获得更好的学习效果。同时，学习动机也会影响学生的学习能动性。具有高度学习动机的学生会更加积极地参与到学习过程中，他们更容易适应信息化学习环境，更能有效地掌握和应用学习策略，从而在学习过程中取得更好的效果。学生对信息技术的学习态度和动机对信息技术教学的效果有着重要影响。

（二）学生在信息技术教学环境中的学习风格

在信息技术教学环境中，学生的学习风格是一个关键因素。学习风格决定了他们如何处理和理解新信息，以及如何与学习环境互动。学习风格是个体化的，基于学生的心理特征，涵盖了他们在信息接收和加工、学习环境需求、认知方式以及个性意识等方面的差异。因此，了解和尊重学生的学习风格对于教学设计和教学开发至关重要。

信息技术为个别化教学提供了可能，但真正实现为每个学生提供定制化学习计划仍然是一项巨大的挑战。尽管如此，对学生的学习风格的理解可以帮助教师更有效地设计和实施教学策略，以满足不同学生的需求。

认知风格是学习风格的一种类型，其与学生在信息技术环境中的学习经验紧密相关。例如，威特金的场依赖性和场独立性理论为教师提供了一种理解学生如何处理信息和解决问题的方式。偏向场依赖性的学生更依赖于外部环境，他们在处理问题和信息加工时，倾向于依赖外部参考和标准。他们在人际交往中，善于考虑到他人的感受，善于人际互动。与此相反，场独立性的学生更少依赖于外部环境，他们在信息加工时依据内在标准，更善于独立思考。

这两种类型的学生在学习过程中表现出不同的特点。场独立性的学生对解决复杂、发散性的问题有优势，因为他们能够快速适应新的学习环境，自我调整学习策略，有效地组织和分析多媒体超文本信息。场依赖性的学生则更擅长解决熟悉的问题，他们在新的环境中应用旧知识结构解决问题时可能会遇到困难。因此，教师在设计信息化教学时需要考虑到这些差异，以便更好地满足不同类型学生的需求。

在信息技术教学环境中，学生的认知风格也会体现在他们对不同类型信息的接收和处理方式上。视觉型的学生善于通过视觉刺激接收信息，他们能够更好地理解和记忆通过图像、图表等视觉元素传达的信息，对超文本学习环境的结构有更深的理解，但可能在处理具体的文本信息时遇到困难。他们倾向于通过视觉化的方式，如想象和演绎推理，来组织和理解信息。相比之下，听觉型的学生更喜欢通过听的方式接收信息，他们能够更好地理解和记忆听到的信息，如课程讲解，但可能在处理视觉信息，如图表和视频时，遇到困难。

对于不同认知风格的学生，教师需要采用不同的教学材料和表现形式。例如，对于视觉型的学生，教师可以使用图表、图像和视频等视觉元素来传达信息，以增强他们的理解和记忆。对于听觉型的学生，教师可以通过讲解、讨论和听力练习等方式，来帮助他们理解和记忆信息。

这并不意味着教师在设计课程时，只能依赖一种方式。研究表明，同时使用视觉和听觉类型的学习材料，比单独使用某一种方式，更能提高学生的记忆效果。因此，教师在设计和实施教学时，需要考虑到这些因素，尽可能地结合多种教学方式和材料，以满足学生的多元化学习需求。

学生在信息技术教学环境中的学习风格，涉及他们如何接收和处理信息，如何与学习环境互动，以及他们的认知方式和个性倾向等方面。理解和尊重学生的学习风格，可以帮助教师更有效地设计和实施教学方案，以满足学生的个别化学习需求，进而提高教学效果。同时，教师也需要考虑到学生的认知风格，通过结合多种教学方式和材料，以提高学生的学习效果。

（三）学生的信息素养水平及对信息技术教学应用的影响

1.学生的信息素养内涵

学生的信息素养是一个多维度的概念，涵盖了多个方面的能力和知识。信息素养是一个认知的过程，涉及学生如何获取、评估、利用和处理信息的能力。这些能力需要学生能够确定何时需要信息，如何找到信息，如何评估信息的可靠性和有效性，以及如何处理和使用这些信息。信息素养也涉及技术技能的掌握，如搜索引擎技术、电子邮件、社交媒体和其他数字工具的使用。这些技能使学生能够有效地获取和分享信息，同时也使他们能够在数字化的环境中进行学习和工作。信息素养包含解决问题的能力，这是一个重要的创新和批判性思维技能。学生需要能够识别问题，提出问题，使用信息技术来寻找解决方案，分析和评估解决方案的有效性，以及实施和反思解决方案。信息素养还包括道德和伦理问题的理解。随着数字化信息的普及，关于信息的所有权、隐私、安全和偏见等问题变得越来越重要。学生需要理解这些问题，知道如何在使用和分享信息时尊重他人的权利和隐私，以及如何识别和避免虚假和误导性的信息。

学生的信息素养水平对他们的学习效果具有重要影响。信息素养的提高不仅可以帮助学生更好地在数字化的环境中学习，也可以帮助他们更好地理解和处理信息，提高他们的创新和批判性思维能力，以及解决问题的能力。

2.学生信息素养的培养

学生的信息素养不仅仅是掌握基础的信息技能，更重要的是能够理解、评估和使用这些技能来解决问题、创新和学习。这需要学生具备一整合信息的技能，将其运用到实际问题的解决过程中，从而在实践中提高信息素养。

在信息技术的教学中，应该尽量避免孤立的教授技能。比如，学生可能在计算机课程中学习了如何使用一款特定的软件，但是如果他们不知道如何将这个技能应用到其他领域，比如历史、数学或科学的学习中，那么这个技能的价值就大大降低了。因此，教师应该鼓励学生在各门课程中使用信息技能，将它们视为一种工具，从而帮助学生更深入地理解课程内容。

在教学过程中，教师可以利用项目式学习、探究式学习等教学方法，鼓励学生将信息技能整合到实际问题的解决过程中，以提高他们的信息素养。

第二节 教育信息化背景下教师的地位与作用

一、教育信息化背景下教师的地位

（一）教学活动的主导者

在传统的教学模式下，教师是教学活动的中心，他们主导着教学内容、进程，甚至是学生的学习思维。这种模式下，学生往往被视为被动的接受者，他们的角色更像是一个接受知识的容器。然而，这种教学方式对于想要培养独立思考、具有创新精神和实践能力的学生来说，效果并不理想。

随着多媒体和网络技术的发展，教学模式正在发生深刻的变化。在这个新的模式下，教师的角色不再是唯一的主导者，他们变成了学生学习的指导者和活动的组织者。这种模式被称为"教师主导和学生主体"的双主关系。这种关系更注重学生的主动性和创造性，尊重学生的个性和差异，鼓励学生参与和主动探索。

在这个双主关系中，教师的角色虽然发生了变化，但并没有被削弱。相反，教师的角色变得更为复杂和重要。他们不仅需要设计和实施教学活动，还需要指导和激发学生的学习积极性、主动性和创造性。教师需要以学生的全体发展、全面发展和个性发展为中心，设计和实施教学活动，以培养学生的创新精神和实践能力为目标。

在教师角色发生变化的同时，学生也成为教学活动的主导者之一。他们不再是被动的接受者，而是主动的参与者。他们需要主动参与学习活动，发挥自己的创造性，解决实际问题。他们需要学会独立思考，发现和解决问题，以此来提高自己的学习能力和实践能力。

教学活动的主导者已经从单一的教师转变为教师和学生的双主关系。

这种变化既是教育信息化的必然结果，也是教育教学改革的方向。这种改变有利于更好地发挥教师和学生的主体性，提高教学质量，培养具有创新精神和实践能力的学生。

（二）教师情境的创设者

随着教育信息化的发展，尤其是多媒体技术、交互网络通信技术等的运用，使得教学模式发生了深刻的变革。在这个新的教学模式下，教师不再是教学活动的唯一主导者，而是转变为学生学习的引导者和情境的创设者。学生的学习变得更加自主、主动和创新。

在这个过程中，教师的角色转变为情境的创设者至关重要。情境创设是教学活动的重要环节，通过创设适当的学习情境，可以创造出富有挑战性和吸引力的学习环境，激发学生的学习兴趣和动力，引导他们主动参与到学习中来。

教师在创设情境时，需要充分利用教育信息化的技术手段，如多媒体技术、虚拟现实技术等，创造出生动、形象、具有真实感的学习情境，让学生能够亲身体验和参与到学习中来。例如，通过虚拟现实技术，教师可以创造出仿真的实验环境，让学生能够在这个环境中进行实验操作，亲身体验实验过程，提高他们的实践能力。

教师还需要引导学生通过探究问题、协商学习、意义建构等方式，自主获取知识。他们需要帮助学生学会如何提出问题，如何寻找解决问题的方法，如何通过合作学习来共享知识，如何通过反思和深度思考来构建自己的知识体系。在这个过程中，教师的角色是不断变化和调整的，他们需要根据学生的学习进程和需求，灵活地创设和调整学习情境，引导学生进行有效的学习。他们需要充分发挥自己的专业知识和技能，以及对学生的理解和关心，创造出有利于学生学习的情境。

（三）信息时代的终身学习者

随着科技的飞速发展和知识的爆炸式增长，学习不再局限于校园，而是渗透到生活的各个角落，成为每个人生活的一部分。在这个变化莫测的时代，终身学习的概念被赋予了新的内涵。它不再仅仅意味着学习一种技能或获取一种知识，而是要求每个人都拥有持续学习，不断更新知识和技能，以适应不断变化的世界的能力。在这个过程中，教师作为知识的传播者和引导者，其作用更加重要。

教师在信息时代应成为终身学习者。他们不仅需要掌握自己专业领域的知识，而且需要了解和掌握新的教育理念和教学方法，以便能够有效地指导和帮助学生遇到的问题。同时，他们也需要掌握新的信息技术，以便能够利用这些技术提高教学效果，更好地满足学生的学习需求。

随着信息技术的发展，网络已经成为一个重要的学习资源。教师需要学会如何利用网络资源进行教学，如何指导学生利用网络资源进行学习，以及如何评价和筛选网络上的学习资源。这不仅需要教师具备一定的信息技术知识和技能，还需要他们具备良好的信息素养，能够在海量的信息中筛选出有价值的、适合学生的学习资源。

教师作为终身学习者，也需要不断进行自我更新和自我提升。他们需要定期参加教师培训，学习新的教育理念和教学方法，更新自己的教学知识和技能。他们还需要通过阅读专业书籍、参加教育研究、交流和分享教学经验等方式，提高自己的专业素养。

（四）信息与学科的整合者

教师的角色发生了深刻的变化，教师不再是唯一的知识提供者，而是成为信息的筛选者和整合者。教师需要根据学生的学习需求和课程目标，从网络和其他信息源中筛选出有价值的信息，将筛选出的信息与课程内容进行有效整合，以提高教学效果。

信息与学科的整合是一个复杂的过程，需要教师具备一定的信息技术知识和技能，以及对学科知识的深入理解。首先，教师需要了解各种信息资源的特点，如何获取和评价这些资源，以及如何将它们与课程内容相结合。例如，教师可能需要在网络上找到关于某个主题的最新研究，然后将这些研究与课程内容相结合，使学生能够了解到学科的最新发展。

教师需要将信息技术融入教学活动中，使学生在学习过程中，能够运用信息技术进行学习，如搜索信息、处理信息、评价信息等。这不仅可以提高学生的信息素养，也可以培养他们的自主学习能力和创新能力。

教师需要设计合理的教学活动，引导学生在实践中运用信息技术和学科知识。这样，学生不仅能够掌握知识，也能够学会如何运用知识，进而形成有效的学习策略。

二、教育信息化背景下教师的作用

在教育信息化的背景下，教师的角色发生了显著的变化。教师从传统的知识传授者，转变为学生学习的引导者，知识的筛选者，以及信息科技的有效使用者。他们的作用在于通过新的教育观念和教学方法，为学生创设一个开放的、自主的、以学生为主体的学习环境，并通过自身的信息素养，引领学生在信息海洋中有效地获取、分析、利用信息，以提升他们的信息素养和终身学习能力。

1.教师引导学生学习

在信息化的环境下，学生有更多的机会接触到各种各样的信息，但是他们往往缺乏对信息的判断和分析能力。因此，教师需要引导学生如何去筛选、评估和利用这些信息。他们需要教会学生如何去鉴别不同信息的真实性、准确性和可靠性，帮助他们建立正确的信息评价标准。

2.教师筛选知识

在信息爆炸的时代，不是所有的信息都对学生有用，甚至有些信息可能会误导学生。教师需要从海量的信息中筛选出对学生有益的信息，并将这些信息与课程内容相结合，从而提高教学效果。他们需要具备信息技术的操作能力，能够有效地搜索、获取、处理和利用信息，以满足教学的需要。

3.教师应用信息科技

教师应用信息科技，如互联网搜索、数据分析、多媒体制作等，并将这些技术运用到教学中。他们可以通过信息技术，设计和实施各种教学活动，如在线讨论、协作学习、项目式学习等，以激发学生的学习兴趣和动机，培养他们的创新能力和团队合作能力。

4.教师为学生创设终身学习的模范

教师需要保持终身学习，以适应知识更新速度加快的这一变化。他们需要不断学习新的知识和技能，更新教育观念，提升自身的信息素养，以更好地引导学生在信息社会中学习和生活。

第三节　教师信息素养培养对策

一、职前教师信息素养培育的策略

职前的教师信息素养培育主要指的是在校师范生的信息素养培育。培养具有信息素养的师范生已成为时代发展和推动各级各类信息化进程的必然要求。

（一）提高教师的思想认识

尽管信息技术在教育领域的应用越来越广泛，但很多教师并未对其产生的深远影响有足够的认识。教师的信息素养不仅关系到教学效果的提升，也关乎他们如何应对教育的现代化改革。因此，提升教师的信息素养，有助于他们更好地理解和适应信息技术对教育带来的变革。

信息素养，不仅仅是使用信息技术的技能，更包括对信息的获取、评估、应用和创新等方面的能力。只有当教师具备了这样的能力，才能真正将信息技术融入教学中，帮助学生在信息环境中自主学习，培养他们的创新思维和批判性思考。

对于教师来说，信息素养的提升不仅可以帮助他们更好地使用信息技术进行教学，也能促使他们对教育模式和教学方法进行反思和创新。在信息技术的影响下，教育的本质正在发生变化，从以教师为中心的教学模式向以学生为主体的学习模式转变。教师应当利用信息技术提供的多样化学习资源，引导学生主动探索和构建知识，而不仅仅是传授知识。

在这个过程中，教师的角色也在发生变化，从知识的传授者转变为学习的引导者、学习资源的设计者和提供者。这就要求教师不仅要有高度的信息素养，还要具备创新思维和开放心态，愿意接受新的教育理念和教学方法。

（二）增强信息环境的建设

在信息化的时代，教育环境的建设不再局限于传统的课堂和教材，更包含了数字化的教学资源、网络学习平台以及多媒体设备等。增强信息环境的建设，对于提高教学效率，培养师范生的信息素养，以及适应现代教育需求具有重要的意义。

1.为师范生提供与信息技术相关的必修课程

提供与信息技术相关的必修课程能够让师范生在学习的过程中，逐渐掌握如何运用信息技术进行教学设计、实施和评价。这不仅能够提高他们的信息技术应用能力，而且可以帮助他们理解信息技术如何改变教育和学习的方式，从而更好地为未来的教师角色做准备。

2.将师范院校的教学与中小学教育相结合

将师范院校的教学与中小学教育相结合，可以让师范生更早地接触到实际的教学环境，理解信息技术在教育中的实际应用。这种联系可以通过实习、观摩等方式实现，师范生可以在实际的教学环境中应用所学的信息技术知识，体验信息化教学的效果。

3.完善学校的教学设施

完善学校的教学设施，如全校覆盖的校园网、多媒体教室等，能够为师范生提供更丰富的学习资源，提高他们的学习效率。这些设施不仅可以帮助师范生获取和处理信息，还可以提供更多元的教学方法和手段，激发他们的学习兴趣，进而提高学习效果。

增强信息环境的建设，是提高师范生信息素养，培养现代化教师的重要途径，也是适应信息化社会，推动教育现代化的必要措施。

（三）加强教师信息技术的培训

在信息化社会，教师的信息技术培训显得尤为重要。这不仅涉及教师自身的专业素养和技能提升，也直接影响到学生的信息素养培养和教育质量的提升。

1.针对教师开展计算机课程和现代教育技术的培训

这种培训应当包括基本的计算机操作技能，如使用各种办公软件、网络搜索资料、使用教育技术平台等；同时，还应当包括更深入的技术知识，如多媒体课件制作、在线教学设计等。这种培训可以通过定期的内部培训、邀请外部专家举办讲座、组织教师参加专业研讨会等方式进行。同时，为了提升教师的研究能力，学校应当提供必要的硬件和软件设施，如计算机、专业软件等，支持教师进行深入研究。

2.加强教师队伍的建设

这包括吸收优秀的教师加入，扩大骨干团队，以及定期对教师进行评估和激励，激发他们的工作热情和创新精神。

3.加强信息技术与其他课程的融合

多媒体计算机辅助教学具有极强的灵活性和交互性，能够让师范生从被动接受知识转变为主动选择和处理信息。这种教学方式能够充分发挥师范生的主体作用，增强教学交流的重要性。但是，要防止照本宣科的课件模式，这需要加强教师的信息技术培训，提高他们的教学设计能力，使他们能够灵活、创新地运用信息技术进行教学。

（四）强化信息伦理道德教育

信息伦理道德教育在师范生的信息素养培育中占有重要的位置。这不仅涉及师范生如何正确、合法地获取、使用、制造和传播信息，也关乎他们如何以良好的道德品质去影响和教育学生。

　　强化信息伦理道德教育，应从师范生自身做起。师范生应充分认识到信息伦理道德的重要性，理解自己在信息获取、使用、制造和传播过程中应遵守的道德规范。他们应明白，自己不仅是信息的使用者，也是即将走上教师岗位的教育者，自己的行为将影响到学生的成长。因此，他们应当自觉地约束自己，提升信息伦理道德水平。

　　教育机构在培养师范生的信息素养时，应注重信息伦理道德教育的融入。学校可以开设网络德育课程，让师范生了解和讨论网络行为可能引发的各种道德问题。此外，学校还可以设立网上咨询站，为师范生提供网络行为的道德指导；在网络教学中注意渗透德育内容，引导师范生正确地对待网络信息和行为。更重要的是，学校应该对一些不道德的网络行为明令禁止，形成严明的网络道德规范。强化信息伦理道德教育，应通过教育和引导，让师范生学会分析、判断、选择和自我控制。在网络信息的海洋中，师范生应学会对信息进行分辨，增强对不良信息的抵抗力。他们应明白，"学高为师，身正为范"①，作为一名师范生，更应注意自身形象，既不能只顾自己方便，阻碍信息交流，也不能不分好坏，随便下载和传播不良信息，更不能影响正常的信息活动甚至危害社会安全。

　　信息伦理道德教育应成为师范生信息素养培养的重要部分，只有在一定的信息道德规范下进行信息活动，师范生的信息素养水平才会有真正意义上的提高。

（五）创建合理的评价标准

　　对于师范生的信息素养评价，社会应建立一个更全面、更准确的评价体系，超越单一的考试成绩或技能证书。评价标准应结合理论知识和实际应用能力，强调对信息的理解、分析和创新应用。同时，考虑到信息伦理道德的重要性，应在评价体系中加入对师范生信息伦理道德的评估。这样的评价体系能更好地激发师范生的学习兴趣和动力，促进他们信息素养的真正提高。

---

① 陈永明. 教育危机管理 [M]. 天津：天津教育出版社，2007：189.

二、在职教师信息素养培育的方法

教师的信息素养培养不仅要在职前，更要在职后进行持续强化。职前培养为师范生奠定基础，而在职培养则针对现任教师，强调信息技术在实际教学中的应用。集中培训也是一个有效的手段，其目标是提高教师运用信息技术的灵活性，使他们能够根据不同的教学需求选择和应用合适的信息技术。

（一）更新教师教育观念

在信息技术日益发展的当下，教师的教育观念需要得到相应的更新和升级，以适应教育信息化的新模式。首先，从教育的角度看，教师需要从传统的知识传播者转变为兴趣的引导者。这意味着教师不再是单纯的传授知识，而是要激发学生的学习兴趣，引导他们自主探索和发现，从而催生新的知识。

教师需要接受并实践多元化的教育模式。这不仅包括运用多媒体等技术手段丰富教学内容，也包括引入不同的教学方法和策略，如以学生为中心的教学模式，让学生参与到课堂活动中来，使教学更为生动和有效。

教师和学生的关系也需要有所转变。在新的教育模式下，教师和学生更像是合作伙伴，一起参与到教学过程中来。教师不再是单纯的讲者，而是引导者和陪伴者，学生也不再是被动接受者，而是主动的学习者。

教师需要积极学习和掌握信息技术，将信息观念融入自己的教育观念中，以更好地适应信息时代的挑战。这意味着教师不仅要了解和掌握新的信息技术，更要学会如何将这些技术应用到教学中，以提高教学效果。

教师需要在信息时代更新自己的教育观念，接受和应用新的教育模式，以更好地适应和应对教育的挑战，为培养新时代的优秀人才作出贡献。

（二）加强学校的信息氛围建设

学校的信息氛围建设不仅影响教育质量，也对培养学生的信息素养和创新能力起到关键的推动作用。为了加强学校的信息氛围建设，可以从以下几个方面进行考虑和实践。

1.基础设施的建设是构建信息氛围的基础

学校需要加大对信息化基础设施的投入，购买高利用率的设备，同时提高已有设备的利用率。这不仅包括硬件设备，如计算机、投影仪等，也包括软件设备，如教学软件、管理软件等。这样的设施能为教师提供一个良好的环境，促使他们更积极地运用信息技术开展教学活动。

2.制定鼓励教师学习和运用信息技术的政策和措施

学校可以通过提供技术培训、奖励使用信息技术的教师，或者在评价体系中增加信息技术运用的权重等方式，鼓励教师学习和掌握新的信息技术。教师也应该主动学习，不断更新知识和技能，提高对新信息和新技术的敏感度和利用率。

3.适度的竞争机制可以提高教师的信息化教学水平

学校可以要求教师在备课和教学中多利用信息技术，同时开展教学公开课、课件观摩等活动，使教师在相互观摩和学习中提高教学能力。此外，学校之间的交流和合作也可以促进教师资源培训的研究和开发，实现资源共享，提高教育教学的现代化程度。

4.学校为教师提供进修机会

对于仍然持有传统教学观念的教师，学校可以提供进修机会，使他们能够接受和掌握现代化的信息技术。通过以上几种方式，学校可以有效地提高教师的信息素养，加强学校的信息氛围建设，从而提高教育质量，更好地培养学生的信息素养和创新能力。

（三）加强在职培训

加强对教师的在职培训已经成为提升教育质量、促进教育创新的重要手段。其中，信息技术的运用尤为重要，它不仅可以提高教师的教学效率，还可以帮助教师更好地适应当前教育环境的变化。在职教师信息素养和能力的培育有多种形式，包括集中脱产进修、短期培训、校本培训、专家讲座、观摩教学示范课、开展远程教育培训和自发研修等。

1. 集中脱产进修

集中脱产进修是指教师为了提高专业水平和学历，参加的各种专业脱产进修活动。这种形式的培训专业性强，所学知识系统全面，可以使教师在一段时间内集中精力学习新的知识和技能。然而，由于时间和经费的限制，这种形式的培训对于在职教师来说并不普遍。

2. 短期培训

短期培训则是由各大专院校、地方教育管理部门或师资培训中心等组织的有计划、大范围、短期集中进行的信息技术应用培训活动。这种形式的培训针对性强，周期短，可以在短时间内提高教师的信息素养。

3. 校本培训

校本培训是指各个学校利用节假日等空闲时间自行组织的教师信息素养培训活动。这种培训方式灵活多样，内容有针对性，强调实用性，能有效地将信息技术与学科课程结合起来。

4. 专家讲座

专家讲座是通过邀请行业中的权威人士到校开展主题讲座，让校内教师能够对不断发展的教育理念进行及时的掌握。这种形式的培训可以帮助教师更新观念，提升专业素养。

5. 观摩教学示范课

观摩教学示范课则是让教师通过直观的方式学习如何将信息技术运用到课程中去。通过学习借鉴，教师可以从中获得启发，找到适合自己的教学方式。

6. 远程教育培训

开展远程教育培训是利用网络技术进行的培训，这种方式的优势在于可以突破时间和空间的限制，教师可以根据自己的情况自由选择学习时间和内容，非常灵活。

7.自发研修

自发研修则是教师主动地进行相关知识的学习，开展相关技能的培训和研究。这种形式的培训对教师的自主性和主动性要求较高，但同时也是提升教师个人能力的有效方式。

在职教师培训的核心目标是提升教师的信息素养和教学能力，这需要对教师培训的方式和手段进行科学合理的设计。首先，需要明确教师培训的目标，即教师需要掌握哪些知识和技能，然后再根据这些目标选择合适的培训方式。

（四）构建完善的培训教材

在教师信息素养的培训中，完善的培训教材发挥着至关重要的作用。一套高质量的教材不仅可以引导教师有效学习，还能够提供一致性的理论框架和实践策略，保证了教师培训的科学性和严谨性。

在构建完善的培训教材时，首先需要全面而深入地了解信息技术的发展动态和教师的实际需求。教材应以最新的信息技术为基础，结合教师在教学实践中的具体需求，反映出信息技术在教育教学中的实际应用和价值。其次，教材内容需要具有系统性和结构性。从信息技术基础知识，到高级应用技术，再到信息技术与教学实践的结合，教材应囊括各个层面的内容，形成一套完整的学习体系。再次，教材的结构需要清晰，各章节之间有逻辑的联系，便于教师理解和掌握。最后，教材需要具有实用性和操作性。除了理论知识，教材还应包含大量的实践活动和案例分析，让教师能够在实践中学习和掌握信息技术。同时，教材应提供详细的操作指南和技巧，帮助教师快速上手。

教材还需要充分利用多媒体和网络技术，形成多元化的教学资源。如整合行业内的优秀教学视频、录像资料、专家讲座等，丰富教材的内容，提高教师的学习兴趣和效果。教材的构建是一个持续的过程，需要不断反馈、修订和更新。教师、学者、专家等多方应共同参与，充分反映教师的需求，紧跟信息技术的发展，确保教材的前沿性和实效性。

（五）创建合适的教学评价与评估体系

创建合适的教学评价与评估体系对于教师信息素养的提升具有重要作用。这样的体系能够为教师提供一个明确的目标导向，帮助他们理解应如何运用信息技术去改进教学效果，以及如何不断提升自身的信息应对能力和问题处理能力。

一个有效的评价与评估体系会关注到教师在多媒体制作能力、获取网络教学资源能力以及与学生进行互动合作等方面的表现，这样能更全面地评价和指导教师的教学工作，也能激发教师的积极性和主动性，鼓励他们主动探索和尝试新的教学方式。

教学评价与评估体系应强调信息技术在各个学科中的应用，让教师有意识地将信息意识融入各个学科教学中去，以实现教学的信息化。

总的来说，创建合适的教学评价与评估体系，能有效推动教师信息素养的提升，促进教育信息化的深入实施。同时，这个体系也应该具有动态性和适应性，以应对信息技术快速变化的特点，不断地进行修订和完善。

学校要创建合适的教学评价和评估体系，并且学校要对各个学科之间的教师进行信息技术培训，在教学过程中要有意识、有目的地将信息技术融入各个学科当中去。学校对教师应多加鼓励，加强教师用信息意识和信息技术去处理教学过程中所遇到的问题，不断完善教师的信息素养，帮助教师提高多媒体制作能力，对网上的各种教学资源要及时获取，可以通过与学生进行互动合作等构建一个综合评价体系。

（六）提高教师的伦理道德修养

创建合适的教学评价与评估体系对于教师信息素养的提升具有重要作用。一个有效的评价与评估体系会关注教师在多媒体制作能力、获取网络教学资源能力以及与学生进行互动合作等方面的表现，这样能更全面地评价和指导教师的教学工作，也能激发教师的积极性和主动性，鼓励他们主动探索和尝试新的教学方式。

第七章 小学教师在线培训策略

第一节 小学教师在线培训的必要性

一、促进教师终身教育

在当今信息化社会中，终身教育的理念已被广泛接受，而在线教育是实现终身教育的重要手段之一。对于小学教师来说，在线培训不仅能提供灵活、便捷的学习方式，还能帮助他们更新知识，提升技能，进而提高教学质量，这对于推动教师的终身学习和实现教育现代化具有重要作用。

小学教师在线培训具有时间和空间的灵活性。传统的面对面培训往往需要固定的时间和地点，而在线培训则打破了这种限制，教师可以根据自己的时间安排进行学习，无论是在家中、学校，还是在通勤途中，只要有网络，就可以进行学习。这种灵活的学习方式极大地方便了教师的学习，使得他们可以充分利用碎片化的时间进行学习，从而更好地实现终身学习。

小学教师在线培训可以提供丰富的学习资源。由于在线培训不受地域限制，教师可以接触到全国乃至全球的优质教育资源，包括最新的教育理念、教学方法，以及各种教育工具等。这些丰富多样的学习资源能够帮助教师及时更新知识，提升技能，更好地应对教育教学中的各种挑战。

小学教师在线培训能够提供个性化的学习路径。不同的教师有不同的学习需求和学习节奏，而在线培训可以提供个性化的学习路径和自我调整的学习节奏。教师可以根据自己的实际需求和兴趣选择学习内容，按照自己的节奏进行学习，有助于提高学习的效率和效果。

小学教师在线培训能够提供互动交流的平台。在线培训的平台通常具有社区或论坛等交流功能，教师可以在这里与其他教师交流心得，分享经验，互相学习，这不仅能够拓宽教师的视野，增强他们的专业能力，还能够构建起教师的学习社区，为教师提供持续的学习动力和支持。

小学教师在线培训通过网络技术，使教师能够在不同的地点、不同的时间进行自主学习，为教师的终身学习提供了方便快捷的途径，帮助教师跟上社会发展的步伐，提升自身的教育教学水平。

通过在线培训平台，教师们还可以与其他教师进行交流和讨论，互相学习，互相鼓励，形成良好的学习氛围，这对于维持和增强教师的学习动力有着重要的作用。

小学教师在线培训通过提供灵活、便捷的学习方式，丰富、最新的学习资源，以及个性化的学习路径和互动交流的平台，有效地推动了教师的终身学习，提升了教师的教学能力，促进了教育的现代化发展。随着信息技术的不断发展和普及，相信未来小学教师在线培训将会发挥出更大的作用，为推动全社会的终身学习做出更大的贡献。

二、创新教师培训模式

教师在线培训已成为教育创新的重要工具，尤其在小学教师培训中，越来越多的教师通过在线培训平台进行自我提升，继续教育。而这种在线培训模式，无疑为教师培训带来了前所未有的创新。

小学教师在线培训突破了地域与时间的限制，提高了培训的效率与便利性。在传统的教师培训模式下，教师需要在特定的时间、特定的地点参加培训，这对于许多教师来说，尤其是在农村或者偏远地区的教师，无疑增加了参与培训的难度。而在线培训模式的出现，打破了这种限制，让所有的教师都可以在任何时间、任何地点参加培训，这大大提高了教师参与培训的积极性和便利性。

小学教师在线培训强调了个性化学习和自主学习，这更符合成人学习的特点。在线培训平台上，教师可以根据自己的需要和兴趣选择不同的课程，可以自主调整学习的节奏和深度，这种学习方式不仅更能满足教师的个性化需求，同时也能激发教师的学习积极性，提高学习的效果。小学教师在线培训可以提供丰富多样的学习资源，为教师的专业发展提供更广阔的空间。通过使用在线培训平台，教师可以接触到最新的教育理念、教学方法和教育政策等信息，同时还可以通过与其他教师的交流和讨论，获取更多的教学经验和教学灵感。小学教师在线培训能够实现优质教育资源的共享，这对于提高教师队伍的整体素质具有重要的意义。传统的教师培训模式往往面临资源分配不均的问题，而在线培训模式的出现，使得所有的教师都可以共享到优质的教育资源，这不仅有利于提高教师的教学能力，也有助于缩小不同学校、不同地区之间的教育差距。

在教师的职业发展过程中，继续教育和培训起着至关重要的作用。小学教师在线培训作为一种新型的培训方式，利用现代信息技术手段，为教师提供了更多的学习机会和更丰富的学习资源。它以"学"为主，把培训者从"师傅"变为"向导"，突出了学习者的主体地位，更注重培养自学能力，体现了因材施教、因人而异的教学规律。在此模式下，教师可以根据自己的时间和学习需求，选择最适合自己的课程和学习方式，同时，也可以与其他教师进行交流和讨论，共享优质教育资源。这种方式不仅能够满足教师个性化的学习需求，而且能够激发教师的积极性，提高学习效率。这种教育模式也可以为教师的终身学习提供支持和保障。在现代社会，教育的快速发展和社会的不断变化，使得教师需要不断更新自己的知识和技能，做到终身学习。小学教师在线培训能够为教师提供持续的学习机会，帮助他们跟上时代的步伐，提高教育教学质量。

三、现代远程教育与教师的可持续发展

现代远程教育已经成为全球教育领域的一个重要分支，它通过网络技术的支持，打破了地理和时间的限制，为教师的可持续发展提供了新的机会和可能。在教育理念不断革新的新时代，教师的职业发展需要不断地学习和更新知识，而现代远程教育为教师的这种需求提供了有效的解决方案。

教师的可持续发展不仅仅是个人职业发展的需要，更是社会和教育发展的需求。教育的本质是培养人，教师则是培养人的关键因素。教师的素质、知识和技能，直接影响教育质量和效果。因此，教师的可持续发展，就是教育的可持续发展，也是社会的可持续发展。

然而，对于在职教师来说，他们的时间和精力往往受到限制，不可能像全日制学生那样去接受教育和培训。在这种情况下，现代远程教育就显示出了其独特的优势。它的灵活性和开放性，使得教师可以根据自己的时间和需求选择学习，同时，它的丰富资源和多样化方式，使得教师可以得到全面和深入地学习和训练。

1.现代远程教育为教师的知识更新和技能提升提供了有效的平台

在信息化社会，知识更新的速度越来越快，教师要想保持自己的教育教学能力，就必须不断地学习和更新知识。现代远程教育以其丰富的教育资源，为教师提供了广泛的学习领域和深度，帮助教师更新知识，提升技能，适应教育发展的需求。

2.现代远程教育促进教师的自主学习能力的发展

自主学习是现代教育的重要理念，也是教师可持续发展的重要能力。在现代远程教育迅速发展的环境中，教师不仅是学生学习的对象，更是学习的主体。他们需要自己去寻找、获取和处理信息，需要自己去思考和解决问题，这种过程不仅帮助教师获取新的知识和技能，更重要的是

培养了他们的自主学习能力，使他们能够在未来的教育工作中继续学习和发展。

现代远程教育强调的是以学习者为中心，这为教师提供了重新认识和反思自身教育教学实践的机会。在远程教育中，教师不仅是教学的主体，也是学习的主体，他们在教学实践的同时也在学习，这有助于教师从实践中获取反馈，调整和改进自己的教学方式和方法，促进自身的专业成长。

3.现代远程教育也为教师的继续教育提供了可能

在职教师因为工作和生活的压力，往往难以找到足够的时间去参加传统的教师培训。而远程教育的灵活性和便利性，使得教师可以在任何时间、任何地点进行学习，极大地方便了教师的继续教育。

现代远程教育以其独特的优势，为教师的可持续发展提供了有效的支持。在这个过程中，教师的自主学习能力、反思能力和创新能力得到了提升，他们的知识和技能得到了更新和扩展，他们的专业素养得到了提高，他们的职业发展得到了推动。

四、保障教育均衡发展

尽管如今生活在一个信息爆炸的时代，但是，这种信息化的浪潮并未平等地覆盖全球的每个角落。由于历史、地理、经济、社会等诸多因素的影响，我国教育领域依然存在着一定的城乡、地域之间的差异，其中最为突出的问题就是教育资源的分布不均衡。在这种背景下，教师培训作为一种重要的教育资源，其均衡、高效地开展对于缩小教育差距，促进教育均衡发展具有重要的作用。

教师是教育的关键，他们的素质直接影响教育质量和教育公平。贫困地区的教师队伍整体素质相对较低，造成这一现象的原因一方面是因为教育资源的不足，另一方面是因为教师缺少接受培训的机会。因此，想要提高这些地区教师的素质，就要提升他们的专业知识和教学技能，就必须给予他们更多的培训机会，让他们可以及时接触新的教育理念、教学方法，了解教育改革的最新动态。

教师培训能够提高教师的专业素质和教育技能。农村地区的教师由于接触不到前沿的教育理念和方法，往往教学水平偏低。开展教师培训可以帮助他们更新教育观念，提升教学技能，从而提高教学质量。此外，远程教育可以帮助农村教师突破地域限制，获取优质的教育资源和教育信息，提升自身的教育教学能力。

教师培训可以促进教育的均衡发展。教育均衡发展是指教育资源、教育机会和教育效果的公平分配。教师培训可以通过提升农村教师的教学水平，促进城乡教育资源的均衡分配，进而实现教育公平。

现代远程教育技术的发展，为教师培训的均衡开展提供了新的可能性。通过网络平台，教师可以在任何时间、任何地点接受教育培训，这对于远离城市、教育资源相对匮乏的地区的教师来说，无疑提供了极大的便利。而这种方式的培训不仅节省了时间和成本，更重要的是，它能够打破地理、时间的限制，让所有的教师都有机会接受高质量的教育培训。

教师培训还应注意培训的深度和广度，不仅要培养教师的专业知识和教学技能，还要重视对教师教育理念、教育态度的培养。这对于提高教师的教育教学质量，培养他们的创新精神和批判思维能力，促进他们的专业发展具有重要意义。

教师培训是保障教育均衡发展的重要手段，需要进一步提高其在教育工作中的地位和作用。只有这样，才能有效地缩小城乡、地区间的教育差距，真正实现教育公平，让每一个孩子都能接受到优质的教育。

第二节　小学教师在线培训的教学模式

一、自学式培训模式

自学式培训模式是一种现代化的远程教育方式，其中学习者是中心角色，与教师的互动在某种程度上是分离的。这种模式允许学习者和教师在不同的地点进行学习和教学。学习者主要通过自我驱动的学习方式，利用学习辅助系统、信息反馈系统和教学服务系统来完成他们的学习目标和任务。下面将重点论述自学式培训模式的特点、分类和自学式培训网络课程设计。

（一）自学式培训模式的特点

自学式培训模式是一种现代远程教育模式，它充分体现了学习者的主体性和自主性，并打破了传统教育的时间和空间限制，使得学习过程更加灵活和个性化。以下是这种模式的一些显著特点。

1.主体性

在自学式培训模式中，学员是学习过程的主体，他们可以自行规划学习计划，选择学习内容，决定学习方式，并对学习效果进行自我评价。这种模式将学习者置于中心位置，充分发挥了学习者的主观能动性。

2.自主性

学员根据自身的需求和时间，选择最适合自己的学习内容和方式。教师的角色转变为引导和支持学员学习的辅助者，而非传统的知识传授者。这种自主性使得自学式培训模式特别适合在职人员和其他无法按时参与面授课程的人群。

3.灵活性

自学式培训模式打破了传统教育的时间和空间限制。学员可以在任何时间、任何地点进行学习，只要他们可以连接到互联网。这种灵活性可以根据学员的生活和工作节奏对学习过程进行调整，更加符合现代人的生活方式。

自学式培训模式也面临着一些挑战。它对学员的自我管理能力和自我驱动力要求很高。学员需要有能力自我规划学习进程，自我监控学习效果，自我调整学习策略。自学式培训模式对网络和技术的依赖性较高。稳定、快速的网络和高效的技术支持是这种模式能够顺利进行的基础。同时，教学平台的易用性和互动性也会影响学员的学习效果和体验。教育机构需要投入资源去优化网络课件和学习平台，以提高学员的学习效率和满意度。如何评估学员的学习效果和提供有效的反馈是自学式培训模式面临的另一个挑战。由于学员和教师的分离，传统的评估方式可能不再适用。教育机构需要寻找新的评估方式，如在线测试、项目提交、互动讨论等，确保学员真正掌握所学的知识和技能。教师也需要提供及时和有效的反馈，以帮助学员调整学习策略和提高学习效果。

如何激发和维持学员的学习兴趣和动力也是自学式培训模式需要解决的问题。由于缺乏面对面的互动和直接的督导，学员可能会感到孤独和压力，对学习失去兴趣。教育机构需要通过设计吸引力强的课程内容、提供丰富的互动机会、建立有效的激励机制等方式，保持学员的学习热情和动力。

（二）自学式培训模式的分类

1.基于资源的学习

基于资源的学习是一种自主的、以信息运用为主的学习模式，强调利用丰富的网络教育资源进行学习。这种模式打破了传统的学习方式，为学员提供了一种全新的学习途径，让学员能够在广阔的信息资源中寻找所需的知识和技能，自主地探索和学习。

在这种学习模式中，学员是学习的主体，需要独立进行信息的搜索、分析和处理。他们可以通过登录各种教育网站和资源平台，获取多媒体课件、网上书刊、网上图书馆和数据库等丰富的教育资源。此外，他们还可以通过网络直接向专家提问，获取最新的知识和专业的指导。

基于资源的学习强调问题的发现和解决。学员需要通过处理各种信息，去发现问题、分析问题和解决问题。这不仅可以提高他们的信息处理能力和问题解决能力，也可以让他们在实践中深化对知识的理解和掌握。

2.基于问题的学习

基于问题的学习是一种以问题为核心、以解决问题为目标的学习模式。在这种模式下，学员通过探索、发现和了解问题，提出假设，制订解决问题的策略，搜集资料，通过实践或实验进行验证和修正，得出结论，最后将结论撰写成报告。这种学习模式以问题情境作为学习的主要环境，让学员在解决真实问题的过程中，学习和掌握隐含在问题背后的知识，从而建构起扎实的知识基础，提高解决问题的能力。

这种学习模式的一个显著特点是，它能激发学员的内在学习动机和热情。因为问题往往是现实生活中的问题，它们具有很高的真实性和紧迫性，能引起学员的关注和兴趣。同时，问题的解决过程也是一个富有挑战性和满足感的过程，能使学员感受到学习的乐趣和成就感。

在基于问题的学习模式中，问题的提出和定位是极其关键的。教学设计者需要精心选择和设计问题，确保问题的目标特征和学习目标的一致性。这样，学员在解决问题的过程中，不仅能学习到新的知识，还能提高他们的认知能力和思维方法。在解决问题的过程中，学员需要采用多种思维方式和方法，如批判性思维、创新思维、系统思维等，这些都是对传统思维方式的重要补充和拓展。

此外，基于问题的学习模式还强调知识和技能的迁移。学员在解决一个问题后，应将所学知识和技能应用到新的问题中去，尝试解决新的问题。这就要求学员不仅要学习和掌握知识，还要学习如何学习，学习如何运用和迁移知识。这种对学习过程的反思和自我调整，有助于学员形成持续的、自主的学习习惯。

在实施基于问题的学习模式时，还需要注意保持适当的教师支持。虽然这种模式强调学员的自主性，但在实际操作中，教师的引导和支持也是必不可少的。教师可以提供必要的学习资源，提供有效的学习策略，帮助学员分析和理解问题，引导学员探索和发现知识，提供反馈，帮助学员调整学习策略和方法等。但是，教师的帮助不应成为主导和控制学员学习的手段，而应以支持和引导为主，让学员在自主学习的过程中逐渐成长。

同时，基于问题的学习模式也强调学员之间的合作学习。解决问题往往需要集思广益，需要学员之间相互合作，共同探讨，共同解决问题。

这不仅能提高问题解决的效率和质量，而且还能培养学员的团队合作能力，提高他们的社交能力和沟通能力。

（三）自学式培训网络课程设计

自学式培训网络课程设计是一个复杂而且需要考虑众多因素的过程。它结合了信息化教学和自主学习两大理念，旨在通过网络环境提供高效、灵活、个性化的学习体验。以下是关于自学式培训网络课程设计的阐述。

1.理解自学式培训网络课程设计的主要特征

自学式培训网络课程设计使得教师的角色从知识的传播者转变为学习的引导者和活动的设计者。学生则从被动的接受者转变为主动的探索者和知识的建构者。教学媒体从教师的讲解工具转变为学生的认知工具，而教学过程从传统的逻辑分析或逻辑综合转变为意义建构的过程。这些特征体现了自学式培训网络课程设计的核心理念即学习者中心主义和建构主义。

2.教学策略是一个重要的考虑因素

基于网络的学习是以学生为中心的自主式学习，因此设计教学策略时需要充分考虑学生的自我选择、自我掌握和自我确定的需求。例如，课程设计应提供足够的灵活性，让学生能根据自己的兴趣、需求和进度自主选择学习内容、掌握学习时空，并确定学习方式和技术。

3.学习内容的具体描述是课程设计的重要部分

学习内容的具体描述包括教学单元的主题、学习目标、学习活动、教学过程和学习资源等。其中，学习活动和学习资源在很大程度上是由信息技术的支持而形成的，如在线讨论论坛、互动式教学视频、虚拟实验室等。

4.确定活动主线

应以讲授内容中的"任务驱动"和"问题解决"这两个重点作为学习和研究的活动主线。在相关的有具体意义的情境中，确定和教授学习策略与技能。这样不仅能提高学生的实际操作能力，还能提高他们的问题解决能力和创新思维能力。

5.作业方式的调整

作业方式也是一个需要考虑的重要因素。为支持有效进行学习活动，需要准备各类辅助性材料，如资料光盘、软件工具、参考书目、电子讲稿等。这些资源能为学生提供丰富的学习材料，帮助他们更好地理解和掌握知识。

6.教师角色的重新调整

在自学式培训网络课程设计中，教师的角色从知识的传播者转变为学习的促进者。他们需要引导、监控和评价学生的学习进程，同时在学生遇到困难时提供及时的帮助和支持。强调学生的"协作学习"也非常重要，这种协作学习不仅包括学生之间、师生之间的协作，也包括教师之间的协作，比如实施跨年级和跨学科的学习。

7.评估方式的设计

评估方式在自学式培训网络课程设计中占据了重要的地位。现代教育更加强调对学习过程和学习结果的评价，而不仅仅是对学习成果的评价。在自学式培训网络课程设计中，应该制定结构化的定量评价标准，从内容、技术、创意等方面详细规定评级指标。利用这种评价方法，可以更准确、更公正的评价学生的学习效果。

自学式培训网络课程设计是一个涉及教学策略、学习内容、讲授方式、作业方式、教师角色和评估方式等多个方面的综合设计过程。在这个过程中，需要充分利用网络技术的优势，同时也要遵循教育的基本理念和规律，为学生提供一个灵活、有效、有趣的学习环境。只有这样，才能真正实现信息化教学的目标，提高教学效果，促进学生的全面发展。

二、讲授式培训模式

（一）讲授式培训模式的简要阐述

教师讲授式培训模式是一种在远程教育领域中广泛应用的教学模式。它以教师授课为主，沿袭了传统的班级授课的教学方式，是传统课堂教学方式的新发展。在这种模式中，网络和终端设备起着传播教学信息的作用，突破了传统课堂对人数及地点的限制，为扩大教育规模提供了可能性。

在讲授式教学模式中，教师是教学过程的主导者和执行者，他们不仅负责向学员传递信息和知识，同时也是教学信息的传播者和发布者。教师在一定程度上也是教学的组织者和管理者，他们需要规划教学进度，准备教学材料，确保课程的顺利进行。

随着互联网的普及和应用，讲授式培训模式也出现了一些变化。在这种模式中，师生的交互活动逐渐增多，学生可以通过网络提出问题，教师进行实时回答，增强了教学的互动性。

讲授式培训模式的最大优点在于它可以突破传统课堂对人数和地点的限制，可以在任何时间、任何地点进行教学，有利于扩大教育规模。然而，这种模式也有其局限性，如缺乏课堂氛围，学习情境的真实性不强，学生可能感到孤独，缺乏与其他学生的互动等，一定程度上影响学生的学习效果。

（二）讲授式培训模式的分类

1.同步讲授型

教师同步式讲授培训模式是一种新型的在线教学模式，它继承了传统课堂教学的特点，同时又充分利用了现代网络技术。在这种模式下，分布在不同地点的教师和学员在同一时间上网，进行网络教学，这种模式的教学过程与传统的课堂教学相类似。

在同步式讲授模式中，教师在远程授课教室利用直观演示、口头讲解，文字阅读等形式，以计算机网络为平台向学员传递教学信息。学员则在不同的网络平台下的远程学习教室，通过观察感知、理解练习，领会运用等环节接受学习。

教师同步式讲授培训模式的优点在于，以教师为中心，由教师控制教学进度，保证讲授知识的系统性、连贯性和流畅性。同时，它能利用多媒体技术演示普通教学手段很难或无法表达的事物及变化，调动学员的学习兴趣，激发他们的学习动力。这种模式也有助于形成良好的学习氛围，使学员更加专注学习。

然而，这种模式也存在一些局限性。由于学员处于被动学习状态，很难提高自身的能动性，一定程度上限制了他们的学习效果和学习深度。为此，我们需要通过增加互动元素，鼓励学员积极参与学习过程，提高他们的学习主动性。

2.异步讲授型

教师异步讲授型培训模式是一种灵活的、以学习者为中心的在线教学模式。这种模式通常借助网络课程和流媒体技术来实现，使学习者可以根据自己的时间和节奏进行学习，打破了传统的时间和空间限制。

在异步讲授型培训模式中，学员可以随时访问事先编制好的网络课程。这种自主的学习方式，使得学习者有更多的时间和空间来进行自我学习和探索。当遇到疑难问题时，学员可以通过在线论坛或电子邮件等方式与其他学员交流，或向教师和专家进行咨询，为学习者提供了一个实时的、互动的学习环境。

异步讲授型培训模式的优点在于它提供了一种灵活的学习方式，允许学员根据自己的实际情况确定学习的时间、内容和进度。此外，它通过网络技术，使学员可以随时下载学习内容或向教师请教，提供了丰富的学习资源。

然而，这种模式也有一些缺点。首先，由于缺乏实时的交互性，学员的学习需要较高的自我驱动力。其次，这种教学模式对课件的制作要求较高，需要在理清教学思路、设计教学策略、推敲教学技巧的前提下，使用多媒体技术来实现。为了提高学习效果，还需要建立一个反馈系统，专门负责解答学员的疑难问题，对学员的学习进行形成性评价。

三、讨论式培训模式

讨论式培训模式是一种强调交互和参与的教学模式。与传统的讲授式教学模式相比，它更注重教师和学员之间的对话和交流，而不是单向的知识灌输。这种模式的实施，对教师的专业素养和技能提出了较高的要求，同时也需要学员具备较强的学习主动性和参与意识。

在讨论式培训模式中，教师不再是教学过程的唯一主导者，而变成了引导者和参与者。他们围绕某一主题提供问题或情景，启发学员进行深入讨论，提出自己的观点和解决方案。在这个过程中，学员不仅可以学习和掌握知识，而且可以提高自己的思考和表达能力，培养团队合作和解决问题的能力。

（一）讨论式培训模式的特征

讨论式培训模式是一种独特的教学方式，它的出现反映了现代教育理念的变革。该模式强调以学员为主体，教师为引导者，通过活跃的师生交流和讨论，促进学员的深度学习。

1.讨论式培训模式注重主题的灵活多样性

在讨论式培训中，主题的选择范围广泛，涵盖学员关心的大部分问题，从而激发学员的学习热情和积极性。因此，这种模式可以根据不同学员的需求和兴趣进行个性化调整。

2.讨论式培训模式强调开放的组织形式

在这种模式下，教学活动不再局限于教室，而是可以在网络环境中进行。学员可以在任何地点，任何时间，通过网络平台参与讨论，提问或分享见解。这种形式打破了传统教学的时间和空间限制，为学员提供了更大的学习自由度。

3.讨论式培训模式倡导自由交流的精神氛围

在这种模式下，教师不再是知识的唯一传递者，而是成为学习的指导者和参与者。学员可以自由发表观点，提出疑问，与教师进行辩论和研讨，形成深度的互动学习。这样的学习过程不仅可以提高学员的思维能力和表达能力，也可以培养他们的团队合作精神和批判性思考能力。

4.讨论式培训模式重视学习过程中的反馈和评价

教师需要对学员的讨论情况进行实时监控，引导讨论的方向，促进学员的积极参与。同时，教师还需要对讨论的结果进行整理和总结，以便所有学员都能从中获得学习的反馈和评价。

讨论式培训模式是一种以学员为主体，注重交互和参与的教学方式。这种模式通过灵活多样的主题，开放的组织形式，自由交流的精神氛围，以及及时的反馈和评价等内容，能够更好地满足学员的学习需求，激发学员的学习欲望。

（二）讨论式培训模式的分类

讨论式培训模式作为一种有效的教学方式，依据交互的时空情境，主要可以划分为在线讨论和异步讨论两种类型。这两种模式都以学员为主体，通过师生间的深度互动，实现知识的共享和构建。

1.在线讨论

这种方式类似于传统课堂上的小组讨论，主要在实时的网络环境中进行。在线讨论由教师发起，当教师提出讨论主题或问题后，学员分组进行深度讨论。在这个过程中，教师不仅需要发起和引导讨论，还需要对讨论过程进行实时的监控和评价。具体来说，教师需要通过网络"倾听"学员的发言，引导讨论的方向，肯定学员的积极发言，及时指出问题，同时要注意使用恰当的语言，避免挫伤学员的自尊心。在讨论结束后，教师需要总结整个讨论过程，对学员的表现进行评价，以促进学员的反思和进步。

在线讨论模式的优势在于实时性强，可以进行即时的反馈和互动，能够更好地激发学员的学习热情和参与度。这种模式适用于需要深入讨论、解决疑难问题的课程。然而，这种模式也存在一些挑战，如需要协调学员的时间等，需要确保所有学员都能同时在线参与讨论。

2.异步讨论

异步讨论是一种更为灵活的讨论方式，主要在非实时的网络环境中进行。在这种模式下，学员可以根据自己的时间和需求参与讨论，无须在特定的时间和地点进行同步交流。异步讨论通常由学科专家或教师发起，设计有争议的问题或主题，建立讨论组，邀请学员参与讨论。教师可以设计一系列问题，引导讨论深入进行，激发学员的思考。在这个过程中，教师的角色主要是提问者和引导者，而不是直接告诉学员应该做什么或怎么做。教师需要定期检查和评价学员的发言，提出新的问题供学生深入思考和讨论，促进学员的深度学习。

异步讨论模式的优势在于时间和地点的灵活性，学员可以根据自己的时间和节奏参与讨论，避免了因时间和地点限制导致的参与困难。这种模式适用于需要较长时间深度思考、研究的课程。然而，这种模式也存在一些挑战，如可能会因为缺乏即时反馈和互动，影响学员的学习热情和参与度。

讨论式培训模式以学员为主体，注重师生的互动和参与，能够有效地促进学员的深度学习。无论是在线讨论还是异步讨论，都需要教师具备良好的组织和引导能力，同时也需要学员具备主动参与和深度思考的能力。在实践中，可以根据具体的教学内容、学员的学习需求和网络环境的条件，灵活选择和运用这两种模式。

在实践中，这两种模式并不是孤立的，而是可以互相结合的。例如，可以在一个课程中，针对不同的主题和内容，灵活地运用在线讨论和异步讨论。在一些需要即时反馈和互动的环节，可以使用在线讨论；而在一些需要深度思考和研究的环节，可以使用异步讨论。

（三）讨论式培训模式的注意事项

在讨论式培训模式中，教师和学员需要共同参与，旨在通过讨论激发思考、促进理解和深化学习。然而，这种教学方式并非没有挑战。学员的参与度、讨论的质量和教师的引导能力都可能影响到讨论式教学的效果。在实施讨论式培训模式时需要注意以下几点。

1.充足的准备是成功讨论的关键

学员需要在讨论前通过阅读材料，预习或复习相关知识，以便对讨论主题有基本的理解和见解。教师也需要做好准备，包括明确讨论主题，提供必要的阅读材料，制定讨论计划和引导策略等。

2.选择适当的讨论主题非常重要

主题应该与课程内容紧密相关，对学员有足够的吸引力，能激发他们的兴趣和好奇心，同时又在他们的理解和掌握范围之内。过于简单或过于复杂的主题都可能导致讨论效果不佳。

3.教师的引导角色不可忽视

教师需要在讨论中发挥主导作用，引导学员围绕主题进行深入、有针对性地讨论，防止讨论偏离主题。同时，教师也应鼓励学员提出疑问，发表意见，甚至提出与主流观点相反的观点，以促进讨论的多元性和深度。

4.教师需要鼓励所有的学员都积极参与讨论

有时候，一些学员可能因为害羞、不自信或者其他原因而不愿意发言。这时，教师需要给予学员鼓励和支持，让他们感到自己的观点被尊重和欢迎，从而增强他们的参与意愿和自信心。在讨论式培训模式中，教师需要注意处理好不同意见和争议。争议和冲突是讨论的一部分，但是如果不恰当地处理，可能会导致讨论的质量下降，甚至产生消极的影响。教师需要引导学员理解和接受不同的观点，学会尊重和倾听，也要学会如何提出建设性的批评和反馈。

5.教师需要在讨论过程中和讨论结束后进行总结

强调讨论的重点，指出讨论的优点和不足，以便学员对讨论主题有更深的理解，也能从讨论过程中反思和学习。总结可以帮助学员理解和掌握讨论的关键点和主要观点，帮助学员反思讨论过程，提高他们的讨论技巧和思考能力。反馈则可以让学员知道自己在讨论中的表现，以便他们了解自己的优点和不足，进一步提高自己的学习和参与效果。

讨论式培训模式是一种有效的教学方式，但实施这种模式需要教师具有高度的专业素养、丰富的教学经验和良好的引导能力。讨论式培训模式中，教师不仅是知识的传授者，更是学习的引导者和参与者。

教师在讨论中扮演的角色至关重要。教师需要提供一个平等和开放的环境，让学员能自由地表达自己的想法和观点，也可以在讨论中发现不同的观点和新的思考角度。教师也需要在讨论中鼓励学员提出疑问和质疑，以培养他们的批判性思维能力。此外，教师需要注重每个学员的参与，确保讨论的公平性和包容性。

（四）创设具有良好氛围的学习共同体

在远程讨论式培训模式中，创建具有良好氛围的学习共同体是非常重要的。成功的学习共同体需要鼓励学员之间的相互合作，共享信息和资源，以及共同承担学习任务。当学员相互依赖，共同分享学习经验，他们的积极性和创造性会得到充分调动，这将有助于他们的认知能力的发展和情感的形成。

网络具备的开放性让学员们即使在远程环境下，也能形成一种学习的共享感，他们可以相互看到自己和其他学员的学习状态，从而形成一种"你在我在"的学习氛围。这种氛围不仅能消除学员的孤独感，而且能促进学员间的相互帮助和合作。此外，学员间也可以通过网络平台发挥各自的专长，取长补短，增加学习的深度和广度。要创建一个良好的学习共同体，需要考虑以下几点。

1.共同体成员的组织

在网络讨论中，虽然成员们不能面对面交流，但是可以通过文字、图片、符号等方式进行有效的交流。在成员熟悉网络平台之后，进行适当的分组是非常重要的。分组应尽可能满足大多数学员的需求和意愿，并且要科学合理，避免在讨论时出现不必要的问题。

2.交互过程及其监控

在讨论交互过程中，教师需要时刻关注，避免学员跑题，引导他们围绕讨论主题进行深入讨论。教师可以选择使用 BBS、电子邮件、QQ、论坛等工具进行交互，或者使用角色扮演、虚拟白板、应用软件共享、个人主页空间、追踪评价工具等工具来增强交互的深度和广度。

3.创建开放、尊重和包容的氛围

教师应该鼓励学员尊重彼此的观点和意见，鼓励他们提出问题和质

疑，并且接受不同的观点和批评。教师还需要培养学员的自主学习能力，让他们在讨论和学习过程中发挥主动性和创造性。

创建一个良好的学习共同体需要教师精心组织，灵活运用各种教学工具和策略，以及尊重和关心每一个学员。在这个过程中，学员不仅能获得知识，还能培养合作精神，提高自主学习能力，形成积极的学习态度，从而在远程讨论式培训中取得最大的收益。

四、互动式培训模式

互动式培训模式是一种以学员为中心，注重双向互动的远程教学模式。在这种模式下，教师通过在线交流指导学员利用网络上的电子题库和自动评价系统，及时获得关于自身学习进程的反馈以及有针对性地诊断。这不仅可以帮助学员及时调整自己的学习策略，也鼓励他们保持积极主动、协同合作的学习态度，形成一个开放的学习环境。

这种教学模式强调双向的教学环境，即教师和学员之间的交互和反馈是必不可少的。它保留了传统远程教学的优点，如生动形象的教学手段以及不受地理位置限制的灵活性，同时引入了新的优良特性。例如，学员之间可以相互访问，进行双向交流，而且可以获取到大量的学习资源和广泛的学习渠道。

（一）互动式培训模式的特征

互动式培训模式是一种现代化的教学方法，其特点在于克服了传统远程教育的一些局限性，并为学员提供了一种更为个性化、灵活和高效的学习方式。以下是互动式培训模式的主要特点：

1.互动式培训模式强调个性化学习

在这种模式下，教学内容、教材、教学方法、辅助教学工具以及考试等都可以根据学员的个人需求进行定制和调整。这种方法强调学员的主观能动性和个性潜能，从而充分发挥学员的学习潜力。

2.互动式培训模式实现了真正的跨时空教学

借助现代信息技术，不同地理位置的学员可以平等、实时地接受教育，打破了传统教育的时空限制。

3.互动式培训模式注重知识的深度和广度。这种模式旨在培养学员的探究能力，加强他们的自主学习能力，同时也帮助他们深入理解和掌握知识。

4.互动式培训模式强调师生平等

在网络环境下，师生间的距离得以缩短，学员可以更加自由地提问和表达，克服了传统教育中学员羞于询问老师的问题，使教学更加民主化。

5.互动式培训模式鼓励自主管理

在网络平台上，学员可以参与各种社区活动，如论坛讨论、在线聊天等，从而实现全面发展。

总的来说，互动式培训模式以其个性化、灵活性、深度和广度的知识传递，以及尊重师生平等和鼓励全面发展的特点，为远程教育提供了一个全新的、有效的教学方法。

（二）互动式培训模式的原则

互动式培训模式已经成为现代远程教育的重要组成部分。这种模式根据远程培训学员的年龄特点、自主学习的需求以及能力提升的目标，遵循了认知规律和现代教学理论，实现了由"吸收储存再现"到"探索研究创造"的学习过程转变。这一模式的构建应遵循以下原则。

1.网络化原则

在互动式培训模式中，计算机网络的各种功能得到了充分利用，如浏览网页、下载文件、发送电子邮件、发布信息、编辑教学课件等。这一原则强调了利用现代网络技术在教育教学中的优势，并将计算机网络功能与教学目标有机地结合起来。

2.互动性原则

互动式培训模式要充分体现网络的互动性，让远程培训学员参与教学、了解新知识的形成过程,实现教师与学员,学员与学员之间的多向互动。这一原则鼓励学员从"要我学习"向"我要学习"转化。

3. 自主性原则

互动式培训模式强调给学员充分的自由空间,淡化强制与约束,给予更多的启发和导向,让学员积极主动地参与整个教学过程。在明确学习目标的同时,提供可选择的学习方法、学习资源和知识检测练习,由学员自主选择,发挥他们的学习主动性和自觉性。

4. 层次性原则

在网络互动教学过程中,应根据学员的知识水平不尽相同的特点,提出不同层次的学习目标,提供充足的学习资源,满足不同层次学员的学习需要。这一原则符合"面向全体,因材施教,分类指导,全面提高"的教学目标。

5. 合作性原则

教师与学员之间以及学员与学员之间的合作是互动式培训模式的关键。通过网络互动模式,为学员的个性发展创设适宜的环境,并促进合作学习。通过网上讨论、评论、答疑等形式,建立起教师与学员、学员与学员之间的联系,利用群体的智慧实现优势互补,取得事半功倍的效果。

6. 创造性原则

互动式培训模式应该注重培养学员的创造力。利用现代教育技术的优势,在网络环境下创设多媒体情境,激发学员的想象力和创造力。通过鼓励学员积极主动的探索精神,引导他们继承传统、推陈出新。

以上原则共同构建了一个有利于远程培训学员自主学习和能力提高的互动式培训模式。这种模式通过网络化原则充分利用计算机网络的各种功能,激发学员的学习兴趣和科学探索精神;通过互动性原则,使学员参与教学过程并逐渐转变为主动学习者;通过自主性原则,给予学员选择的权力并提供帮助和指导;通过层次性原则,满足不同层次学员的学习需求;通过合作性原则,促进教师与学员、学员与学员之间的合作和互助;通过创造性原则,培养学员的创造力和创新能力。

（三）互动式培训模式的步骤

互动式培训模式是一种综合利用计算机信息技术等技术或途径，并通过即时沟通的形式，使教师与远程培训学员之间进行互动，以达到更好的教学效果的教学方式。该模式可以与其他教学模式进行结合，相互取长补短，达到更理想的教学效果。根据不同的教学目的和任务，构建相应的教学模式，包括创设网络环境、设定问题、组织材料、创设情境、激发学员的学习欲望等。

在互动式培训模式中，教学交互主要分为三类：远程培训学员与学习资源的交互、远程培训学员与教师的交互以及远程培训学员之间的交互。

第一，远程培训学员与学习资源的交互。这种交互形式主要通过多种媒体形式进行，如印刷材料、教学光盘、视频讲授等。其中，视频讲授和文字内容是主要的媒体形式，提供这两类资源的课程比例超过95%，其中视频讲授的精品课程比例达到100%。随着教育教学信息化和信息技术环境的发展，学习资源日益丰富，利用技术进行教学和学习对远程培训学员的学习效果产生了积极而显著的影响。

第二，远程培训学员与教师的交互。这种交互形式主要用于辅导、交流和答疑。其实现交互的途径包括电子邮件、QQ、电话等。电子邮件是最常见的交互方式，主要用于师生间的异步讨论。音视频也广泛应用于师生间的交互，主要用于答疑。音频答疑所占比例较大，因为音频在网络平台上实施较为容易，且具备优势，能够及时解决学员在学习中遇到的困难。其他交互方式如电话等也被广泛应用于远程教育中，以提供实时交互和解决问题的功能。

第三，远程培训学员之间的交互。这种交互形式主要用于学习过程中的交流和互动，通过相互沟通促进学习、交流经验，并获得集体归属感。交互形式主要包括个人形式、小组形式和多边互动形式。

个人形式的交互可以通过电子邮件、社交媒体等进行，学员可以互相分享学习心得、提出问题或给予建议。这种交互形式有助于学员之间的相互支持和互动，增强学习的动力性和参与度。

小组形式的交互可以通过在线论坛、协作项目等进行，学员可以组成小组进行讨论、合作学习和解决问题。小组交互可以促进学员之间的合作和互助，增强学习效果和团队意识。

多边互动形式的交互可以通过网络会议、在线研讨会等进行，学员可以在虚拟空间中共同参与讨论和分享。这种交互形式可以促进跨学科的交流和学习，拓宽学员的视野，加深对学习内容的理解。

通过以上的交互形式，远程培训学员可以与学习资源、教师和其他学员进行多维度的互动，促进学习效果的提升。

在互动式培训模式中，活动步骤可以总结为以下几个方面。

1.设计网络环境

构建稳定可靠的网络环境，确保远程培训学员能够顺利访问学习资源与教师、其他学员进行交互。

2.设定教学目标

明确教学目标，根据学习内容和远程培训学员的需求制定具体目标，激发学员的学习兴趣和动力。

3.组织教学材料

准备多种媒体的教学材料，如全息投影、音频、图像、视频等，提供多样化的学习资源，促进学员的参与和探索。

4.创设情境和问题

通过创设情境和提出问题，引发学员思考和讨论，激发他们的学习欲望和思维能力。

5.进行互动

通过电子邮件、视频、电话等方式，教师与远程培训学员进行师生互动，提供辅导、交流和答疑。教师可以回答学员的问题、提供指导和反馈，促进学员的学习进程和理解。通过小组讨论、网络论坛、协作项目等形式，促进学员之间的合作学习和交流。学员可以分享经验、互相学习，并共同解决问题，增强学习效果。

6.教学评估和反馈

及时对学员的学习成果进行评估和反馈，通过测验、布置作业、讨论等方式检查学员的理解和掌握情况。教师可以根据评估结果提供个性化的反馈和指导，帮助学员改进学习策略和提高学习效果。

7.不断改进和创新

根据教学过程的反馈和评估结果，不断改进教学方法和策略。结合新的技术和教学工具，创新教学形式，以提供更丰富、互动性更强的学习体验。

在互动式培训模式中，教师和学员之间的互动是关键。教师应充分利用多种媒体工具，结合图像和视频等，创造丰富多样的教学资源，激发学员的兴趣和参与度。通过即时沟通工具和平台，教师能够与学员进行实时的交流和互动，及时解答学员的问题和提供支持。学员之间的互动也是重要的，通过小组讨论和合作项目，学员可以相互学习、分享经验，并共同解决问题，提高学习效果。

（四）互动式培训模式的意义

互动式培训模式的意义在于促进远程培训学员的个性化教育和自主学习能力的发展。相比全覆盖教育模式，互动式培训模式能够更好地满足远程培训学员的个性化需求，充分发挥他们的特长和潜能。通过网络互动，远程培训学员能够根据自身的学习目标和兴趣选择适合自己的学习内容和学习方式，实现因材施教的个性化教育理念。互动式培训模式利用网络技术提供的分级别和分阶段学习模式，能够针对学员的学习差异进行平等对待，调动他们的学习积极性，培养自主学习的能力。

互动式教学模式以远程培训学员为主体，以教师为主导，采用启发式教学方法，通过远程培训学员对教材的自主钻研和小组讨论相结合，激发学员的学习兴趣和创造性思维。在这种模式下，教师的角色是引导者、补充者、归纳者和完善者，与学员之间是平等的对话关系，实现了双向互动。这种互动式教学模式打破了传统教学中教师讲授、学员被动接受的模式，激发学员的主体作用，使他们正确认识到自身的优势和未来的社会价值。学员在这种模式下能够更加积极主动地参与学习，教师与学员之间真正实现了互动。

互动式培训模式的意义在于促进远程培训学员的个性化教育和自主学习能力的发展。它能够满足学员的个性化需求，充分发挥他们的特长和潜能，培养他们的自主学习能力。互动式教学模式改变了传统教学的模式，激发学员的积极性，实现了真正的师生互动，提升了教学效果和学习体验。

第三节　小学教师在线培训的课程建设

一、在线培训网络课程建设的内容

在线培训网络课程建设的内容涉及课程的内容、内容的呈现结构和呈现方式、学习者的经验以及课程教学的环境。这些因素共同构成了在线培训网络课程的设计和实施过程。

（1）课程的内容是在线培训网络课程设计的首要要素。课程内容的选择应基于学科的发展、当代社会生活的需求和学习者的经验。通过学科知识、社会生活经验和学习者经验的整合，实现课程内容的有效性和有意义性。在远程开放教育中，师生空间的分离增加了课程内容设计的挑战，但教师仍然可以通过互动和催生新的内容来克服这种限制，使课程内容更加灵活和适应学习者的需求。

（2）课程内容的呈现结构是在线培训网络课程建设中需要考虑的要素之一。以学科体系为中心的传统课程结构模式在网络课程中得到了延续，但这种严密和规范的结构可能限制了学习者的创造力和自主学习能力。因此，需要寻求新的结构模式，如问题和案例为核心的结构模式，以及更灵活和自由的非节化结构模式，以满足学习者的需求，提供自主探索和创造的空间。

（3）课程内容的呈现方式是在线培训网络课程设计中的重要因素。现代教育技术的支持使得课程内容可以通过多种方式进行呈现，包括文本、音频、视频、计算机和网络等。在选择呈现方式时，需要根据课程特点和教学目标进行优化整合，避免技术手段与内容不匹配，以及过度使用某一种呈现方式导致学习者降低兴趣。合理选择呈现方式有助于提高学习效果，激发学习者的兴趣和参与度。

（4）学习者的经验是在线培训网络课程设计中需要重视的要素之一。虽然远程开放教育存在师生之间的空间距离，但学习者的主动性和自主学习能力在课程设计中仍然具有重要意义。教学设计者应该培养并相信学习者的能力，将学习者的经验纳入课程设计，并赋予学习者参与组织和建构课程内容的权利和自由。学习者的经验可以丰富和完善课程内容，使其更具个性化和针对性。教师在设计课程时，应考虑学习者的背景、兴趣和学习需求，为他们提供自主选择和探索的机会，激发他们的学习动力和参与度。

（5）课程教学环境是在线培训网络课程设计中不可忽视的要素。课程教学环境包括物质空间和心理空间，它们共同构成了师生之间的互动和交流过程。有效的课程教学环境应该包括科学设计的课程内容、多样化的学习资源、有趣的互动教学活动以及贴心的学习支持服务。尽管技术在物质环境方面提供了便利，但在营造心理交流的环境方面仍然存在挑战。因此，需要充分利用技术的优势，努力克服技术所带来的心理隔阂，为学习者创造积极、亲密和支持性的学习环境。

通过关注课程内容的呈现结构和呈现方式、学习者的经验以及课程教学的环境，可以设计出符合学习者需求和目标的在线培训网络课程。在这样的课程中，学习者能够积极参与和探索，个性化需求能够得到满足，创造力得到发挥，教学环境得到优化，从而实现有效的学习和教学效果。因此，合理把握在线培训网络课程建设的内容对于提升教育质量和满足学习者需求具有重要意义。

二、在线培训网络课程建设的原则

在线培训网络课程建设应遵循一系列原则，以确保学习者的学习体验和学习效果最大化。以下是在线培训网络课程建设应遵循的几个重要的原则。

（一）主体性原则

在线培训网络课程的设计应以学习者为中心，关注学习者的需求、兴趣和背景。学习者应被视为学习的主体，课程应提供个性化的学习平台和丰富的学习资源，鼓励学习者参与自主学习活动。

（二）情境性原则

网络课程应提供真实或类似于学习者生活情境的学习环境，促进学习者在情境中发现问题、探索和解决问题。通过情境性的设计，可以激发学习者的学习兴趣和动力，提高学习质量。

（三）整合性原则

网络课程设计应实现媒体资源和学科内容的整合。媒体资源的整合包括多种媒体形式的资源，如文本、视频、音频等，以丰富学习体验。学科内容的整合性原则要求将理论知识与实践应用相结合，使课程内容具有吸引力。

（四）互动性原则

在线培训网络课程应营造积极的互动学习环境，鼓励学习者参与教学活动、分享经验和成果。课程设计要注重学习者之间的互动交流，以及学习者与教师之间的互动，提供便捷的支持服务，培养学习者的自主学习意识和能力。

（五）生成性原则

学习者的学习和生活经验、心得和问题应成为课程设计关注的重要内容。课程设计要为学习者提供表达自己经验和学习成果的机会，并及时吸纳学习者在学习过程中生成的新鲜信息，推动课程的更新发展。

（六）发展性原则

网络课程应伴随学科的发展而不断更新，利用网络技术的强大功能，及时传递学科研究的最新成果。课程设计要保持对学科研究的跟踪，使课程内容始终具备前沿性和创新性。

（七）可选择性原则

在线培训网络课程设计应注重学习者的选择权，给学习者提供自主选择和控制学习时间、学习行为、学习内容的机会。课程设计要帮助学习者充分利用网络，自主选择和控制学习方式，让技术成为无形的支持工具。同时，对于暂时无法利用网络进行学习的学习者，应提供线下学习的选择，让他们能够利用网络课程的学习资源进行学习。

（八）亲和性原则

在网络课程设计中，除了发掘技术功能的优势，也应努力克服网络课程可能带来的非人性化缺陷。通过合理使用多媒体资源和设计生动的音频、画面和动画等元素，减轻学习者的孤独感。设计网络课程时应提供方便的交流渠道，让学习者能够进行在线多边交流。课程环境的设计应支持真实情境的创设，使学习者在舒适的环境中进行学习。

在线培训网络课程建设应遵循主体性、情境性、整合性、互动性、生成性、发展性、可选择性和亲和性等原则。充分考虑学习者的需求和特点，创造具有情境感的学习环境，整合多种资源和学科内容，促进学习者的互动参与和自主学习，不断更新课程内容，提供选择和支持，以及关注学习者的情感体验，从而实现高效而有意义的在线培训网络课程建设。

三、网络课程设计

教师培训的网络课程设计是基于现代远程开放教育的原则和建构主义学习理论，旨在通过网络平台提供高质量的教师培训内容和支持。下面将从教学内容设计、学习情境设计、学习资源设计和测评系统设计四个方面进行阐述。

（一）教学内容设计

在教师培训的网络课程设计中，教学内容的选择至关重要。在确定教学内容时，应结合学习者的特点，选择那些易于用网络表现的先进和科学的内容。教学内容的组织结构应具有系统性、开放性和动态性。网络课程设计应该避免内容陈旧或过时的现象，选择较新版本的教材和知识，以满足学习者的学习需求并引导他们掌握新知识和学习新方法。教学内容的呈现方式应体现多媒体化，以激发学习者的兴趣和提升他们的学习体验。

（二）学习情境设计

学习情境设计是为学习者提供一个完整、真实的问题情境，以激发学习者的学习需求从而驱动他们进行自主学习。在教师培训的网络课程设计中，应利用多种手段创设虚拟情境，帮助学习者进行知识的意义建构。界面设计是学习者与网络课程进行交互的接口，应注重界面的友好性、色彩的和谐性以及操作的简便性。

（三）学习资源设计

学习资源设计是为学习者提供与解决问题相关的各种信息资源，促进学习者的自主学习和意义建构。网络课程设计应详细考虑学生需要查阅的信息和了解的知识，选择有针对性和启发性的学习资源，并以良好的结构组织和呈现，便于学习者使用和查找。同时，可以建立系统的信息资源库或推荐相关网站，以满足学习者的学习需求。

（四）测评系统设计

测评系统设计是为学习者提供自我检测和评估学习行为的机制。网络课程应设置形成性练习、强化练习和综合检测等测评系统，帮助评价学习者的学习过程和学习成果。形成性练习可以检测学习者在学习过程中的理解和掌握情况，强化练习则针对疑难问题进行深入训练，综合检测则可以对学习者进行综合评估。测评系统可以提供学习者与他人的比较结果，帮助学习者了解自己在学习群体中的状况，并及时调整学习目标。通过测评系统的设置，学习者可以自主地检测和评估自己的学习成果，并及时获得指导和反馈。

教师培训的网络课程设计应该注重教学内容设计、学习情境设计、学习资源设计和测评系统设计。通过合理选择和制定教学内容，创设丰富的学习情境，提供多样化的学习资源，并建立有效的测评系统，可以保证网络课程的质量和学习效果。教师培训的网络课程设计要充分考虑学习者的特点和学习者需求，注重激发学习者的兴趣和主动性，促进他们的意义建构和自主学习能力的培养。通过网络课程的设计，可以提升教师培训的效果，满足教师专业发展的需求，促进教育教学水平的提高。

第四节　在线培训管理系统的开发与建设

2018年，中共中央、国务院印发《关于全面深化新时代队伍建设改革的意见》，对新时代教师队伍建设作出顶层设计。文件提出，到2035年，培养造就"数以百万计的骨干教师、数以十万计的卓越教师、数以万计的教育家型教师"的宏伟蓝图。教师培训信息化管理系统作为实现宏伟蓝图的有力支撑，其信息化建设任重而道远。[①]要构建高效的教师培训信息化管理系统，需进一步考虑好以下几点。

---

① 戴加平. 优秀教师团队建构的行动与诠释 [M]. 杭州：浙江教育出版社，2019：4.

一、培训信息化管理系统使用对象

教育管理部门、教育培训中心、学校、课程导师以及教师都是教师培训活动的核心参与者，也是使用信息化管理系统的用户。在投入教师培训的过程中，他们寻求的是有成效的产出。教师培训的信息化管理系统需要为这些参与者提供特定的服务，使得教育管理部门、教育培训中心、学校能够全面且动态地监管培训项目的设立、执行和评估等各个环节。

该系统还应基于已收集的系统数据，依照一定的规则，对各种有效的数据进行统计和分析。这样，教育管理部门在制定教师教育政策和设计培训项目时，就能依赖精准的数据支持，从而改善传统培训管理方式存在的问题，如管理思路过时、计划性不够、数据收集不完全或不规范、过程管理繁杂、交互性不足以及教育公共服务能力不足等。

二、培训信息化管理系统上需要关注的要点

在构建培训信息化管理系统时，需要考虑各个使用者在系统中的角色以及他们的需求，因为这将影响他们如何使用系统，以及系统如何为他们提供服务。

（1）教育主管部门是这个系统的主要管理者和决策者。他们主要关注培训项目是否合理，培训内容是否符合教育方针，管理制度是否完善，对参训教师的服务是否到位等。因此，系统需要提供完善的项目管理、教育内容审核、制度管理以及服务跟踪等功能，以便他们能够有效地进行管理和决策。

（2）培训机构是培训活动的具体执行者。他们需要了解近期的培训规划情况，培训经费保障情况，培训安排的执行情况等。为了满足这些需求，系统应该提供详细的培训规划、财务管理、任务调度等模块，使得培训机构能够方便地进行培训工作。

（3）授课教师是教师培训的核心。他们关注授课要求、时间地点安

排、教学设备设施等。因此，系统应该提供灵活的课程管理、设备管理等功能，以便他们能够有效地进行教学。

（4）学校是教师培训的支持者。他们关注是否有参训名额，培训项目有哪些，教师培训成果如何等。因此，系统应该提供详细的培训名额管理、项目公示、成果展示等功能，以便他们能够获取相关信息。

（5）教师是培训活动的最终受益者。他们关注培训主题是否符合需求，课程安排是否合理，授课教师的基本情况等。因此，系统应该提供详细的课程信息、教师信息、培训任务等功能，以便他们能够顺利地进行学习。

在实际操作中，还需要根据用户的反馈对系统进行持续优化，以满足他们的变化需求。应该注重系统的易用性和稳定性，以确保用户能够顺利地使用系统。总的来说，一个好的培训信息化管理系统应该能够满足各个用户的需求，能够为用户提供全方位的服务，并不断进行自我完善和优化。

三、培训信息化管理系统功能设置

教师培训信息化管理系统是现代教育系统中的重要组成部分，它对提高教师的专业能力、优化教育资源配置、提升教育质量有着重要的作用。在这个系统中，有两个主要的功能，即统筹规划功能和流程管理功能。

（一）统筹规划功能

统筹规划功能主要面向教育主管部门和培训机构。在这方面，系统的主要作用是针对政策发布、机构管理、项目管理、经费管理、师资管理等方面进行管理和监督。目前，教师反馈的问题多为培训内容与实际工作需求不符、培训形式化、培训内容同质化现象等。针对这些问题，教育主管部门和培训机构需要借助信息化管理系统，加强对反馈数据的研究和调研，为教师培训项目设置提供系统的中长期规划。

在未来，期望通过信息化管理系统，建立一个由省、市、县负责，同时省、市、县联动的教师培训管理模式。这种模式将有利于实现统筹规划、上下联动、分层培训，从而更有效地提高教师的专业成长和教育教学水平。同时，这也有助于教育主管部门更有效地落实教育政策，使培训机构的经费使用更加高效。

（二）流程管理功能

流程管理功能主要服务于培训机构（项目团队）和参训教师。在这方面，教师培训信息化管理系统需要考虑到培训管理各环节的规范化、精细化、及时性和成果化。一方面，系统需要提供流程提醒，帮助管理人员规范化地开展培训工作。另一方面，系统也需要针对培训项目的规划、需求调研、方案制定、课程设置、团队结构和组织协调等方面提供详细的数据和信息，以便管理人员可以更精细的管理和优化培训过程。

系统需要保障数据反馈的及时性，以便教育主管部门和培训机构可以根据最新的数据和信息，及时调整政策和措施。系统也需要帮助培训资源成果化，将教案研制、交流活动、小组研讨、心得分享等有效活动资源提炼出来并加以推广应用，使得这些宝贵的资源在培训结束后仍能持续发挥价值。

教师培训信息化管理系统的构建，需要立足于教师培训的实际需求，同时也需要与教育政策和市场机制相结合，以便更好地提供服务。在这个过程中，政府应积极引导和规范有资质的社会力量参与，共同构建一个良好的教师培训管理信息化生态环境。这不仅有助于提高教师培训的质量和效率，也有助于提升教育系统的整体性能。

教师培训信息化管理系统的功能设置需要综合考虑统筹规划和流程管理这两个方面。在统筹规划方面，系统需要提供全面的数据和信息支持，以帮助教育主管部门和培训机构进行中长期规划和决策。在流程管理方面，系统需要提供规范化、精细化、及时性和成果化的管理工具，以帮助管理人员优化培训过程，增强培训效果。政府和社会各界也需要共同参与，推动教师培训信息化管理系统的建设和发展，从而提升教育质量和效率。

　　在未来，期望教师培训信息化管理系统能够更好地服务于教师的专业发展，通过提供更全面、更精细、更及时、更成果化的管理工具，帮助教师提高专业技能，提升教学质量，从而更好地满足教育的需求和挑战。笔者也期望这个系统能够成为教育管理的重要工具，通过提供高效、透明、公正的管理机制，帮助教育主管部门和培训机构更好地进行决策和管理，从而提升教育系统的整体性能。

参考文献

[1] 邓涛. 新课程与教师素质发展 [M]. 北京：北京出版社，2005.

[2] 赵素文，黄家骅. 基础教育发展研究 [M]. 厦门：厦门大学出版社，2011.

[3] 赵其坤. 反思·践行：教师在研究中共同成长 [M]. 上海：上海教育出版社，2009.

[4] 宁波市江北区教育局. "互联网+"时代教育优质均衡发展的路径与策略 [M]. 宁波：宁波出版社，2021.

[5] 罗洁. 互联网时代的教育发展 [M]. 北京：北京出版社，2018.

[6] 陆建非. 现代基础教育研究：第 17 卷 [M]. 上海：上海教育出版社，2015.

[7] 刘长锁. 和谐教育研究 [M]. 北京：中国书籍出版社，2011.

[8] 张怀斌. 基础教育与教学研究 [M]. 西安：陕西师范大学出版总社，2019.

[9] 李卓. 改革与发展：学前教育若干热点问题研究 [M]. 沈阳：辽宁人民出版社，2018.

[10] 郭平. 新课标教师培养与学生成长 [M]. 北京：现代教育出版社，2010.

[11] 董月萍. 浅谈农村小学青年教师专业发展的路径 [J]. 华夏教师，2022（10）：29–31.

[12] 余丹琼. 小学教师专业发展评价机制构建路径：基于赋权增能的视角 [J]. 教师教育论坛，2022，35（2）：21–24.

[13] 王启滨. 新教育理念下 T 市小学语文教师专业发展调查研究 [J]. 科教导刊，2022（3）：156–158.

[14] 汤卫芳．困境与超越：小学语文教师专业发展分析 [J].现代教育，2022
（1）：43–45.

[15] 付永昌，蒋大霞．乡村寄宿制小学教师专业发展的驱动因素与促进系
统研究：基于中部 H 省 S 县问卷调查的分析 [J].河南教育学院学报（哲
学社会科学版），2021，40（6）：54–57.

[16] 吕敏燕．教育公平背景下城乡教师专业发展差异及策略研究：基于浙
江省小学语文教师的调查 [J].现代交际，2021（22）：140–142.

[17] 范兆雄，雷学军．农村小学全科教师专业发展自我评价调查研究 [J].当
代教育与文化，2021，13（6）：74–78.

[18] 谢希红．小学教师专业发展共同体建设路径 [J].亚太教育，2021（21）：
44–46.

[19] 李荣．苏州市姑苏区小学体育教师专业发展现状与对策分析 [J].武术
研究，2021，6（9）：135–137.

[20] 范从燕．轮岗交流背景下跨区域协作对教师专业发展的影响与思考：
基于对江苏省 A 县小学英语教师的开放式问卷调查 [J].黑龙江教师发
展学院学报，2021，40（9）：30–33.

[21] 卫晓婧，王月茹．乡村小学教师专业发展困境及其路径研究 [J].大众
标准化，2021（16）：239–241.

[22] 李顺姬．民族小学促进教师专业发展研培策略探究 [J].吉林省教育学
院学报，2021，37（7）：54–57.

[23] 陈姝，文君．乡村新入职小学教师专业发展职后培训研究 [J].西部学刊，
2021（12）：118–120.

[24] 李闯，李许贞．党建引领促进小学教师专业发展的路径探析 [J].中国
教育学刊，2021（S1）：207–208.

[25] 钟昱．小学全科教师专业发展：基于课例研究视角 [J].重庆第二师范
学院学报，2021，34（3）：87–91.

[26] 邵婷婷．小学语文教师专业发展的对策探究 [J].科学咨询（教育科研），
2021（4）：133–134.

[27] 胡朝芳，夏静．乡村小学教师专业发展：从自我封闭走向城乡融合 [J].
科学咨询（教育科研），2021（3）：71–72.

[28] 胡莉英．"教科研训一体化"服务思政教师专业发展：以太仓市小学道
德与法治教师队伍建设为例 [J].中学政治教学参考，2021（3）：89–
90.

[29] 尚继武，刘燕，赵建国．行为主体语境下农村小学教师专业发展现状
与改善策略 [J].连云港师范高等专科学校学报，2020，37（4）：48–
54.

[30] 王偲玮．论农村小学教师专业发展存在的问题及提升策略 [J].内江科
技，2020，41（11）：40–41，21.

[31] 李宜江，吴双．乡村小学教师专业发展支持服务体系的现状、问题及
对策：基于安徽省 Q 县的调查分析 [J].当代教育与文化，2020，12（5）：
71–79，87.

[32] 李成海．农村小学分层开展教师发展性评价与促进教师专业发展 [J].科
技资讯，2020，18（27）：176–178.

[33] 吴丽君．小学教师专业发展过程中的瓶颈期研究 [J].现代教育科学，
2020（5）：101–105.

[34] 丁丽．小学综合实践活动中教师专业发展策略探究 [J].科学咨询（教
育科研），2020（7）：131.

[35] 姚丽亚．教师专业发展视角下小学教师信息素养提升策略 [J].今传媒，
2020，28（7）：155–156.

[36] 刘慧，戴水姣，江何澳凡．影响贫困乡村小学英语教师专业发展的因
素与对策 [J].教育现代化，2020，7（49）：189–192.

[37] 蒋立环，朱芳慧，史露露，等．精准扶贫背景下乡村小学教师专业发
展路径研究：以米脂县为例 [J].教育现代化，2020，7（43）：150–
153.

[38] 刘燕，尚继武．农村小学新教师专业发展存在问题的内因探析与改进
策略 [J].教育导刊，2020（5）：80–85.

[39] 罗嫣才. 教研参与对小学道德与法治教师专业发展的影响研究 [J]. 课程. 教材. 教法，2020，40（5）：93-98.

[40] 岳军祥，解晓玲，呼倩. 小学教师专业发展文献研究 [J]. 现代交际，2020（8）：136-137.

[41] 刘岩，于玉翔. "互联网＋"背景下农村小学体育教师专业发展现状调查研究：以辽宁省为例 [J]. 体育科技文献通报，2020，28（4）：17-18，25.

[42] 彭燕凌. 乡村小学教师专业发展的困境及其突破 [J]. 教学与管理，2020（9）：46-48.

[43] 江涵. 乡村小学教师专业发展支持体系现状及构建策略 [J]. 科技资讯，2020，18（6）：162-163.

[44] 赵书栋，刘嘉茹. 科学素养导向下小学科学教师专业发展的路径探索 [J]. 肇庆学院学报，2020，41（1）：97-100.

[45] 甄莹. 农村小学教师专业发展模式的实践探讨 [J]. 教学与管理，2020（3）：56-59.

[46] 孔令帅，王子帆. 小学男教师专业发展的影响因素及促进策略 [J]. 教师教育学报，2020，7（1）：47-54.

[47] 范会敏，常文硕. 乡村小学教师专业发展当回归乡土 [J]. 教学与管理，2019（35）：9-10.

[48] 古伟霞. 农村小学全科教师现状及其对教师专业发展的启示 [J]. 教育现代化，2019，6（92）：241-243.

[49] 刘岩，于玉翔. "互联网＋"背景下辽宁省农村小学体育教师专业发展的问题及对策 [J]. 体育世界（学术版），2019（9）：76，64.

[50] 裴根，潘海燕. 我国小学教师专业发展研究的现状与趋势：基于CiteSpace Ⅱ的定量分析 [J]. 湖北第二师范学院学报，2019，36（10）：90-95.

[51] 魏佳，宋维玉，杨文涛. "互联网＋"背景下乡村小学教师专业发展路径探析：基于辽西地区乡村小学的调查 [J]. 渤海大学学报（哲学社会科学版），2022，44（5）：88-93.

[52] 邓达，黄敏丽，马宏韬 . 指向教师专业发展的小学教师网络学习空间构建：基于成都师范银都紫藤小学的实践探索 [J]. 中国教育学刊，2022（4）：85–91.

[53] 姚丽亚 . 教师专业发展视角下小学教师信息素养提升策略 [J]. 今传媒，2020，28（7）：155–156.

[54] 易美芳 . 信息化教师专业发展模式探析 [J]. 才智，2020（7）：195.

[55] 谢斌，魏蓉蓉 . 从资源共享到智慧分享：城乡小学教师网络互动的价值趋向：基于甘肃省天水市 200 名乡村教师信息素养现状调查 [J]. 数字教育，2018，4（4）：61–66.

[56] 王千千 . 信息化对城乡小学英语教师专业发展及其均衡性影响 [J]. 智库时代，2018（1）：56–58.

[57] 王希琴 . 反思性教学在小学教师专业发展中的积极作用 [J]. 西北成人教育学院学报，2017（6）：46–48.

[58] 黄德群 . 中小学教师专业发展现状与对策研究：以"互联网＋教育"为视阈 [J]. 韶关学院学报，2017，38（11）：42–47.

[59] 田铮 . 乡村小学教师专业发展的困境及解决对策：基于四川省 S 县的调查分析 [J]. 邢台学院学报，2023，38（1）：127–136.

[60] 邓达，黄敏丽，马宏韬 . 指向教师专业发展的小学教师网络学习空间构建：基于成都师范银都紫藤小学的实践探索 [J]. 中国教育学刊，2022（4）：85–91.

[61] 杨帆 . 西部某地区小学英语教师专业发展的困境及解决策略 [J]. 西北成人教育学院学报，2022（4）：47–50.

[62] 陈婷，孙琪琪 . 参与数学文化活动对小学数学教师专业发展的影响：基于对 11228 名小学数学教师的实证调研 [J]. 教师教育研究，2023，35（2）：84–91.

[63] 代钦，詹升娜 . 陕甘宁边区小学数学教师专业发展路径及启示 [J]. 内蒙古师范大学学报（教育科学版），2022，35（6）：78–83.

[64] 宁金平，丁蓉.咸阳市农村小学教师专业自主发展的问题与对策 [J].咸阳师范学院学报，2022，37（5）：111-115.

[65] 蔡金法，陈婷，孙琪琪."问题提出"主题式培训促进小学数学教师专业发展：专访美国特拉华大学蔡金法教授 [J].教师教育学报，2022，9（5）：1-8.

[66] 张登山.困境与超越：双减背景下"三区"小学教师专业发展的现状调查 [J].嘉应学院学报，2022，40（4）：88-91.

[67] 王燕，宋志云.浅谈乡村小学教师专业发展的现状与对策：以延边朝鲜族自治州为例 [J].延边教育学院学报，2022，36（4）：141-143.